JN111030

# ダイバーシティ・インクルージョン保育
## を進めるための
# 園経営ガイドブック

編著　田中謙　小川英彦

iii 三学出版

## はじめに

　本書は幼児教育・保育現場でダイバーシティ・インクルージョン保育に取り組んでいくために求められる施設経営のポイントを、できる限り実際の施設での実践例を取り入れながらまとめた、現場の保育者向けのサポートブックである。今日の日本社会においては、常に子どもの最善の利益を第一に考え、子どもに関する取り組み・政策を日本社会の真ん中に据える「こどもまんなか社会」の実現が目指されている。しかしながら、「こどもまんなか社会」を実現するためには、障害児や海外にルーツのある子ども、ギフテッド（gifted）児、HSC（Highly Sencitive Child）児、医療的ケアの必要な子ども、経済的・文化的に困窮状態にある子ども、被虐待児等、多様な特別なニーズのある子どもたちの生活と遊び、そして健やかな発達を保障する社会システムの整備が求められる。

　ダイバーシティ・インクルージョン保育は、まさに多様な特別なニーズのある子どもたちの生活と遊び、そして健やかな発達を保障する営みであり、全ての幼児教育施設において、実践することが求められている。しかしながら、幼児教育・保育現場では「ダイバーシティ・インクルージョン保育の重要性は理解できるものの、どのように実践していけばよいのかわからない」「実践しようと思っても現状では難しい」との声が多く聞かれる。また、管理職からは「管理職として何ができるか」、保育者からは「ダイバーシティ・インクルージョン保育実践に取り組みたいけど、一人ではできないためどうしたらいいか」との声も少なくない。

　そこで本書はダイバーシティ・インクルージョン保育を幼児教育施設で進めるため、施設経営に求められる具体的内容や実際の実践例を、ダイバーシティ・インクルージョン保育研究者や幼児教育施設管理職、保育者で相互に協力して執筆した。特に実践経験豊富な管理職、保育者によるQ & A形式でコンパクトにまとめたポイントの解説や実践事例を複数あげたことで、幼児教育・保育現場でも短時間で学習が可能となるように配慮した。

　なお、本書は小川英彦・田中謙（2022）『ダイバーシティ・インクルージョン保育』の続刊であり、前著は保育者養成校で学んでいる学生のテキストおよび現場の保育者のサポートブックを企図して、特にダイバーシティ・インクルージョン保育実践の方法論を中心に編集した。そのため、本書とともに読み進めていただくことで、施設経営と実践の双方のポイントにつ

いて学ぶことができるようになると考える。ぜひ前著もご一読いただきたい。

　それに加えてに、本書では障害の表記に関して編者間で協議し、視覚障害、聴覚障害、知的障害、肢体不自由、病弱、言語障害、情緒障害は幼児教育施設で広く用いられている学校教育用語を参考に統一した。また発達障害に関しては、自閉症スペクトラム障害、注意欠如・多動性障害、限局性学習障害、運動障害群、チック障害群とDSM-5の表記（翻訳）のうち「障害」のつく表記を参考に統一した。発達障害等に関しては「障害」の表記の使用に種々の議論があることを承知のうえで、国際的な指標を基に子ども理解を図る一助として表記の統一を行ったことをご理解いただきたい。

　最後に、本書は各施設、保育者の必要に応じてダイバーシティ・インクルージョン保育に係る経営のポイントを理論と実践双方から学習できる内容となっており、各章、Q＆Aとも必要な事項をピックアップして読み進めてもらうことも可能となっている。そのため、短時間の打ち合せの際の情報共有でも、園内研修でのテキストとしても使用可能な仕様となっている。ダイバーシティ・インクルージョン保育を幼児教育施設で進める際の一助として、ぜひ本書を活用していただければ幸いである。

　なお、本書では引用・参考文献表記は各執筆者の専門領域の作法を尊重し、章単位で統一することとした。

編者を代表して

田中　謙

4

# 目次

# 多様性の中でのQ & A

# 第1章　障害や特別な支援ニーズのある乳幼児の理解

## 第1節　なぜ園全体での共通認識をはかる必要性があるのか

　わが国の幼児教育界を見渡すと、保育所、幼稚園、幼保連携型認定こども園といった幼児教育施設には、「気になる子」と呼ばれる子どもたちが多数いるのが実態である。

　「気になる子」とは、障害児、発達障害児、アレルギー児、病弱児、医療的ケア児、外国にルーツのある子ども、子どもの貧困、ひとり親、虐待、場合によっては幼児期なので少ないだろうがヤングケアラー等である。どの学級にもこのような「特別なニーズ」のある乳幼児がいるのが当たり前の時代になっている。この中から本章では、紙幅の関係もあり、昨今話題となっている①障害面で「気になる子」、②発達障害児、③外国にルーツのある子ども、④子どもの貧困について概観的に述べることにする。詳細は、別の章やQ&Aで説明しているものもある。

　本章では、「気になる子」を「困った子」ではなく、「困っている子」である、すなわち「先生何とかしてよとSOSを出している子」ととらえたい。子どもたちの立場になった園全体での子ども理解である。まさしく、本書の書名が表すように、ダイバーシティ（多様性）を大切にする園経営（園づくり）が求められる時勢になっているのである。

　ところで、「気になる子」という用語が公的に報告されたのは、1997年刊行の『季刊保育問題研究』（168号）であるとされる。筆者のかかわってきた愛知県三好市の園長研修会でも同時期の1990年代後半から各園で言われ始めた。

　こうした言及がなされるようになったのは、社会的な背景が関係しているという理解があろう。子どもは社会の中で生きているのであって、時代や社会が変われば新たな児童問題が発生することはあり得よう。本節では、①地域社会の変化（近隣関係の希薄化等）、②家庭の変化（生活リズム、核家族化等）、③経済産業界の変化（外国労働者への依存、所得の伸び悩み等）があって、子どもたちの能力・体力や行動等に一定の影響を及ぼしていると考えたい。元来あった地域や家庭の教育力の低下、安定した雇用や収入といった経済の脆弱化とも言えよう。

　特に、ここでは子どもたちの身近な問題として②の生活リズムの変化で、

遅寝・遅起といった夜型の生活が親子に浸透しつつある点を取り上げたい。夜型のリズムは当然睡眠時間のずれになり、成長ホルモンの分泌に影響する。成長ホルモンは、単に身長や体重の増加だけではなく、大脳の形成や低体温や落ち着き・集中力といった情緒面に関与していることに注目したい。さらに、食の安全はどうかという点も取り上げたい。合成着色入りの食品を安易に購入し、食用し、乳幼児のからだに蓄積され発達が蝕まれていると予想されるからである。

　ひとつの例として②の生活リズムと食の安全に着目したが、「気になる行動」が見られるようになったここ約30年間に渡って、ひとつの要因ではなく、いくつかの複合的な要因が子どもたちの能力・体力、行動等の変化の原因になっているのではないかという仮説を提起したい。ひとつの要因ならそこにメスをいれれば解決できようが、そう簡単な問題ではないのである。学級の幾人かの子どもたちが夜型の生活スタイルや食生活でそのような状況下にあることを再確認したい。

　園の職員間で共通認識を図るポイントとして、①共通の目的意識、②コミュニケーションがよくとれている、③自分の役割を理解している、④助け合うことができる、等があげられる。

## 第2節　障害面で「気になる子」の行動について

　筆者は、園内や園外で障害児保育の研修を行うと、多様なケースが検討されることを経験してきた。障害面で「気になる子」の行動は、①一人遊びが多く集団に入れない。②落ち着きがない。③多動である。④こだわりがみられる。⑤集中できない。⑥協調性が乏しい。⑦不器用である。⑧言語の遅れが感じられる。⑨不安をもっている等である。

　発達の視点からは、社会性が育ちきっていない（視線が合わない、模倣ができない、順番が守れないことの対人関係面）、自制心が身についていない（自分の感情や行動をまわりの状況に合わせて調整できない面）と言えよう。

　事例検討会や研修の機会を利用して教職員全員の共有のものにしていくこと、日々の子どもの行動メモから実践記録をまとめていくこと、PDCAサイクルによって実践を評価、改善していくことに加え、今日の特別支援教育では、「個別の指導計画」や「個別の教育支援計画」を活用することが

必要となると思われる。

　文部科学省の『幼稚園教育要領解説』の124ページには「障害のある幼児などへの指導」として以下のように明示されている。「障害のある幼児などへの指導に当たっては、集団の中で生活することを通して全体的な発達を促していくことに配慮し、特別支援学校などの助言又は援助を活用しつつ、個々の幼児の障害の状態などに応じた指導内容や指導方法の工夫を組織的かつ計画的に行うものとする。」ここでは、個別指導に着目する余りに集団指導を怠らないこと、むしろ教育学で大切にされてきた「集団の教育力」も再確認すべきである。

　さらに、専門の関係機関との連携を図り、長期的な視点での支援を行うべきであり、保育の内容や方法を園内で検討すべきであると述べられていることを本節では重視したい。障害児の理解については、障害・発達・生活の3つの視点からみることの重要さが今日までの障害児保育実践史の蓄積で確認されている。さらに、一人ひとりの内面を理解することも強調されるように変化してきている。

## 第3節　発達障害児について

　という用語を近年では、新聞やテレビ等の報道で見聞きするようになってきている。しかし、なかなか明快な定義がわかりにくいといった声を聞くこともある。

　本節では、発達障害の基本的な理解として、「知的な遅れはないものの何らかの特徴のある行動がみられる障害」であるとしたい。わが国では、こうした子どもたちへの教育対応は2007年に制度化された特別支援教育によって開始されたと言っても過言ではない。それまでの障害児のための特殊教育では対象外であったとも言えよう。ではその新たにスタートした特別支援教育の理念とはどのようなものであろうか。それは、①発達障害児も対象として、対象拡大をはかる。②幼児期・学齢期・青年期を円滑に過ごすことができるようにライフステージにわたる支援体制の整備をする。③共生社会の形成をはかる、であることを、2007年4月1日に文部科学省から出された「特別支援教育の推進について（通知）」から読み取ることができる。

　ところで、文部科学省は2022年12月に小・中学校に占める発達障害の可能性のある子どもの割合を8.8%と公表した。10年前の全国調査では

6.5％であったことから、大きく変化していることに注目する必要がある。特に、幼児教育に携わる者にとっては、小学校2年生から小学校1年生と学年が下がると、その割合が高くなっているという2022年12月7日の朝日新聞の報道はかなり気になる。つまり、この小2から小1の数値上昇からすると、幼児期にはさらに割合が高くなるということを想像できるからである。

　例えば、数値上ではあるが、30人学級の園には約3人の発達障害児がいるということになる。これを一人の担任で支援するには当然限界がある。今後、園全体で、さらに各自治体での対応を緊急に検討すべき時期になっている。

　園では、子どもたちの能力を形成するねらいがあるゆえに、障害の種類と発達（○○の力）の弱さとセットで理解することが肝要である。例えば、見通す力がついてくるとなかなか移動できずその場に留まっていることが減ってくる例等、ある力が育ってくることで、「気になる行動」の変化・軽減があるからである。障害と発達の相関的理解というべきものである。

　ちなみに、発達障害にはいくつかの分類方法があるが、下記の5種類の障害名はどの分類によっても見られる発達障害である。ここでは、アメリカ精神医学会が作成している診断基準・診断分類であるDSM―5の名称に従って5種類の発達障害を紹介する。①非常に軽い知的な障害があるかもしれないと想定される、境界線となる子・・・全般的な力の乏しさがある。②自閉症スペクトラム障害（ASD）の子・・・社会性、コミュニケーション、こだわりの3つ組がみられる。③注意欠如・多動性障害（ADHD）の子・・・不注意、多動、衝動性の少なくともひとつがみられる。④限局性学習障害（SLD）の子・・・読み、書き、計算、推論のつまずきが極端にある。⑤運動障害群・・・手指の不器用が感じられる、協調動作がなかなかできない。

　なお、第2節で指摘した「気になる子」の中には、器質的な障害のある子が含まれるが、「気になる子」の中には発達がかなりゆっくりしているだけの子もいることに注意すべきである。

　障害があると決めつけてしまうと、障害名に目を奪われ子どもが見えなくなることになり、子どもとの関係性を築くのが難しくなるからである。もともと乳幼児は発達が未分化な時期に相当して、障害があるか否かがはっきりしない部分があり、障害児保育の難しさのひとつといえる。ゆえに5歳児健診（限局性学習障害等の発達障害の発見から支援へのつなぎ）

の有効性が自治体の中に認められている。園と地域の保健システムの協働が推進されている地域も多い。このことはQ9で述べる。

## 第4節　外国にルーツのある子どもについて

外国にルーツのある子どもとは、①外国籍の子ども、②無国籍の子ども、③日本国籍（二重国籍）の子ども、④外国出身の保護者と暮らす子どもに大別できる。園にはこうした多様な国籍の子どもたちがいて、さまざまな民族的・文化的背景をもつ子どもたちが存在するのである。国籍のみならず、年齢、滞在年数、入国年数、母国力、その他の要因（家族等の状況）を考慮する必要がある。

そうした「外国につながる子ども」の人数を正確に把握することは難しいが、法務省入国管理局が入国管理基本計画を幾度か策定し、基本方針として、経済社会に活力をもたらす外国人を積極的に受け入れることを掲げている。わが国では2008年をピークに人口が減少傾向に転じたと報告されるが、将来のことを考えると、外国人労働者の受け入れ拡大も真剣に議論する時期に来ていることは間違いない。文部科学省の学校基本調査や厚生労働省の人口動態統計を調べてみると、その人数が短期間に相当数増加していることを理解できる。

調査対象が学齢期の児童生徒ではあるが、文部科学省の「日本語指導が必要な児童生徒の受入状況等に関する調査」によると、人数を母国別にみると、①中国語、②ポルトガル語、③フィリピノ語、④スペイン語、⑤英語、⑥ベトナム語、⑦韓国・朝鮮語、⑧その他の国となっており、非常に多様であることが特色である。

そして、多い都道府県は、関東地方では東京、群馬、埼玉、千葉、神奈川、東海地方では愛知、岐阜、静岡、三重、関西地方では大阪、滋賀となっている。産業の盛んな都市部に集中する傾向が明らかである。

その子どもと親が抱えやすい問題としては次のものがある。①ことばの面では、学習機会・学習支援機関が不足している。生活言語や学習言語等の日本語の力が不十分である。母語発達支援機会が不足している。母語喪失ケースの場合、保護者との会話が成立しない。②教育の面では、学校内でのサポート機会が少ない。学習についていけない。いじめ・不登校・障害児となっている。進学機会が少ない。中退率が高い。③家庭・生活の面では、外国人シングルマザーになっている。経済的に困窮している家庭が

多い。親が夜勤である。きょうだいが子育てをしているケースがある。基本的生活習慣が未確立である。食事に乱れが見られるケースがある。④心と体の面では、異文化不適応の可能性が高まる。家庭内の言語状況により心身が不安定化する。非行・犯罪等のリスクが高まる。

外国にルーツのある子どもには、日常的な日本語での会話や生活・学習に課題があり、保育者も意思を理解することに難しさがある場合が多い。保育・教育を成り立たせる基盤として言語があり、外国にルーツのある子どもには、言語教育の課題は特別なニーズとして対応することが必要になっている。

幼児期では、文化や習慣の違いから生じる上述の就学後の親子のつまずきを少なくするために、幼児教育施設が地域の関係機関と連携しながら、幼児教育制度の情報提供に努めることが望ましい。

筆者は、愛知県において外国籍の子どもたちが相当数を占める園を訪問した経験がある。その自治体では、日系ブラジル人の保育士が母語に対応した幼児教育を行っていた。非常勤でその自治体のいくつかの園を巡回し、定期的に母語に対応した支援を行っているということだった。その保育士が園に来る日は、外国籍の子どもたちは母語で対応してもらえることから、気持ちよく園での生活ができ、他児とのトラブルが少ないという評判であった。この場合のように言語や習慣面での合理的配慮を行い、幼児教育に取り組むことも、ひとつの支援の在り方といえるだろう。

国際化する日本社会において、外国にルーツのある人々が気軽に支援を求め、情報交換・共有できる場と人のつながりがまだまだ不足している。詳細はＱ５、Ｑ８で述べている。

## 第５節　子どもの貧困について

わが国の子どもの貧困率は13.5％、約７人にひとりの子どもが「貧困ライン」（その国の平均的所得の半分以下の所得）を下回っている。中でも深刻なのがひとり親世帯である。貧困率は48.1％であり、ひとり親家庭の約半数の子どもたちが貧困状態にあることを示している。

内閣府が2021年に「子どもの生活状況調査の分析報告書」を発表した。子どもの貧困についての全国的な調査が実施されたのは初めてであった。この調査により、世帯収入の水準や親の婚姻状況によって、子どもの生活・心理・学習等さまざまな面が影響を受けていることが明らかにされている。

　貧困は、一人ひとりの子どもたちの発達を阻むだけでなく、貧困が次の世代に引き継がれる、貧困の連鎖をつくりだしているという点でも、「特別なニーズ」のある子どもたちといえる。

　乳幼児期に子どもが貧困のもとで育つことは、さまざまな社会的不利を引き起こす。十分な食事をとることができなかったり、必要に応じて病院に行くことができなかったりするのである。ゆえに、国や自治体の責任で給食の実施・無償化、子ども医療の無料化、児童手当の拡充等お金の心配なく誰でもニーズを満たされる保育・教育の実現は、貧困の連鎖を断ち切るためにも重要な課題となる。

　日本国憲法第 25 条では、すべて国民は健康で文化的な最低限度の生活を営む権利を有すること、子どもの権利条約では子どもの最善の利益を主として考慮すること（第 3 条）を基本とし、子どもの生存権・発達権を保障したうえで（第 6 条）、子どもの身体的・道徳的・社会的な発達のために相当な生活水準についての権利（第 27 条）を規定している。憲法や子どもの権利条約にもとづき、乳幼児が健康で文化的な生活を営み、明日への希望をもてるようにしていく必要がある。

## 第 6 節　「合理的配慮」を園内の共通認識に

　合理的配慮とは、障害者の権利に関する条約第 2 条に「障害者が他の者と平等にすべての人権及び基本的自由を享有し、又は行使することを確保するための、必要かつ適当な変更及び調整であって、特定の場合において必要とされるものであり、かつ、均衡を失した又は過度の負担を課さないものをいう」と定義されている。

　さらに、同第 24 条においては、教育についての障害者の権利を認め、この権利を差別なしに、かつ、機会の均等を基礎として実現するため、障害者を包容する教育制度等を確保することとし、その権利の実現に当たり確保するものの一つとして、「個人に必要とされる合理的配慮が提供されること」が位置づけられている。

　総じて、合理的配慮は障害のある人が能力を発揮できない状態を解消し、力を発揮できるようにするためのものである。しかし、乳幼児教育段階においては、有する能力を発揮する観点だけでなく、能力を可能な最大限まで発達させるという観点も大切になる。そのため、合理的配慮の提供だけに留まらず、子どもの教育的ニーズに応じた特別な支援も求められること

になる。置き去りにしないという根本的な考えは、子どもの最善の利益を保障することである。統合保育（保育所、幼稚園、幼保連携型認定こども園）や分離保育（児童発達支援センター、特別支援学校幼稚部）といった保育・教育の場も含めて今後いっそう浸透するように検討する必要がある。

　なお、文部科学省が 2012 年に提起した「合理的配慮等環境整備検討ワーキンググループ報告─学校における『合理的配慮』の観点」は以下のようになっている。①教育内容─学習上又は生活上の困難を改善・克服するための配慮、学習内容の変更・調整、②教育方法─情報・コミュニケーション及び教材の配慮、学習機会や体験の確保、心理面・健康面の配慮、③支援体制─専門性のある指導体制の整備、幼児児童生徒・教職員・保護者・地域の理解啓発を図るための配慮、災害時等の支援体制の整備、④施設・設備─校内環境のバリアフリー化、発達・障害の状態及び特性等に応じた指導ができる施設・設備の配慮、災害時等への対応に必要な施設・設備の配慮となっている。この観点は、学校を念頭に考慮されているものであるが、幼児教育施設においても十分に共通して活用されるべきものであって、これからの園経営（園づくり）には不可欠であると言っても過言ではない。

## 第 7 節　まとめ

　本章では、障害に限らず特別なニーズのある子どもたちを受け入れ、支援する保育・幼児教育を構築する目的として、ダイバーシティ・インクルージョン保育の理念と「気になる子」の代表的なタイプ、求められる支援の方向性について述べた。「子どもが園に合わせるのではなく、園が子どもに合わせる時代にさしかかっている」と理解すべきなのかもしれない。

　園では①互いの「違い」を尊重し、受け入れ、「違い」を活かしていくこと、②自分とは異なる相手や、少数派（マイノリティ）を排除せず、「いろいろな人がいて、当たり前」とすることを再確認していくことが、今後の質の高い保育・教育の提供につながる。

引用・参考文献
・小川英彦（2017）『ポケット判　保育士・幼稚園教諭のための障害児保育キーワード 100』福村出版 .
・京都教育大学教育創生リージョナルセンター機構総合教育臨床センター（2019）『教員になりたい学生のためのテキスト特別支援教育』クリエイ

ツかもがわ .
・ 川上輝昭（2022）「障害者権利条約で勧告　強制入院や分離教育　変え
　る策を」朝日新聞 2022 年 11 月 9 日朝刊 .
・ 茂木俊彦（2011）「障害のある子どもの理解と教育指導」全国障害者問
　題研究会『障害者問題研究』第 39 巻第 2 号（通巻 146 号）、pp.2-17.
・ 長櫓涼子（2018）「外国にルーツを持つ子どもの特別な教育的ニーズと
　支援—多文化共生を尊重した多様な支援の在り方の検討—」『児童文化研
　究所所報』40、pp.43-52.
・ 小川英彦（2022）「ダイバーシティ・インクルージョン保育・幼児教育
　の構築」全国児童養護問題研究会『社会的養護研究』Vol.2、pp.75-81.

（小川　英彦）

# 第2章　経営理念形成と理念経営

　本章では、ダイバーシティ・インクルージョン保育を進めるための幼児教育施設理念の形成と、その理念に基づく経営である理念経営のあり方について述べる。

## 第1節　ダイバーシティ・インクルージョン社会
　今日のグローバル化する現代国際社会の中では、性別・性的指向・性自認・性表現、年齢、障害、病歴、家庭環境、国籍、言語・エスニシティ、宗教・信条、キャリア、ライフスタイル等さまざまな属性の人々のもつ多種多様な価値観や考え方が相互に尊重され、一人ひとりが参画可能な社会システムの構築に向けて取り組みが進められている。このような社会はダイバーシティ・インクルージョン社会と呼ばれている。このダイバーシティ・インクルージョン社会においては、個々人の価値観や考え方を尊重したうえで、その違いを相互に受け入れながら活用することを通して、新たな価値の創造や社会像の構築が期待されている。特にそのプロセスの中では、一人ひとりが社会参画を図って活躍することで、持続可能（サステナブル（Sustainable））な社会の発展を実現していくことが重要視されている。
　この動向は日本においても同様であり、日本政府もダイバーシティ・インクルージョン社会の実現に向け、SDGs 関連政策の実施や、例えば男女共同参画の分野では「第5次男女共同参画基本計画〜すべての女性が輝く令和の社会へ〜」（令和2（2020）年12月25日閣議決定）の制定等、政治や経済活動におけるジェンダー平等の推進を図っている。また、障害者政策の分野においては、障害者権利条約に基づく「障害者基本法」（昭和45（1970）年5月21日法律第84号）、「障害者の日常生活及び社会生活を総合的に支援するための法律」（平成17（2005）年11月7日法律第123号）、「障害を理由とする差別の解消の推進に関する法律」（平成25（2013）年6月26日法律第65号）等の法整備を図ってきた経緯を有する。
　このようなダイバーシティ・インクルージョン社会の実現に向けた取り組みの中で、幼児教育・保育においても、幼稚園、保育所、幼保連携型認定こども園等（以下、幼児教育施設）でダイバーシティ保育・インクルージョン保育（以下では両者を併せて論じる場合、ダイバーシティ・インクルージョン保育と表記する）を推し進めていくことが求められ、実際に保育実践が展開されている。

## 第2節　ダイバーシティ・インクルージョン保育

　ダイバーシティ・インクルージョン保育は、乳幼児期にふさわしい生活が保障され、一人ひとりの子どもの健やかな育ち、発達をうながしていく多様な体験が保障される保育実践が前提となると考える。その際には子ども一人ひとりの発達の特性に応じて、「子どもの多様な特別なニーズに対応していくこと」が基本であり、この「多様な特別なニーズに対応していくための保育実践」は「一人ひとりの子ども理解」に基づいて「ていねいなかかわりを積み重ねていくこと」であるといえる（田中, 2023, 106）。このような特質から、ダイバーシティ・インクルージョン保育は「子どもたちが心身ともに満たされ、豊かに生きていくことを支える環境や経験」という保育の質と重なるもので、「質の高い保育実践を目指すプロセスそのもの」である（田中, 2023, 106）。換言すれば、ダイバーシティ・インクルージョン保育は保育の質を問うプロセスの一つである。

　そのうえでダイバーシティ・インクルージョン保育においては、特にさまざまな属性の子ども（その家族を含む場合もある）の多種多様な価値観や考え方が生活の中で相互に尊重され、それにより一人ひとりの子どもの可能性や資質を引き出す保育実践が展開されるものである。このことは、将来のダイバーシティ・インクルージョン社会の担い手を育むことにもつながる。

　このようなダイバーシティ・インクルージョン保育の特質を踏まえたうえで、本書におけるダイバーシティ・インクルージョン保育は、小川・田中編（2022）の定義を参照する。すなわち、ダイバーシティ保育とは、「文化や人種、障害等の多様な属性の差異を集団内で相互に受容・理解・尊重しながら、その差異を積極的に活用することで育ちあう、一人ひとりのニーズに応じる保育」ととらえる。またインクルージョン保育は、「文化や人種、障害等の差異を前提とするのではなく、すべての子どもが同じ場で参加が保障され育ちあう、一人ひとりのニーズに応じる保育」ととらえる。

　このような定義の下、一点留意が必要なのが特別支援教育や療育とダイバーシティ・インクルージョン保育の関係性である。就学前期においては、視覚障害特別支援学校幼稚部において視覚障害児に対する白杖での歩行学習が行われたり、聴覚障害特別支援学校幼稚部において補聴器のフィッティング等による聴覚活用や発音・発語、コミュニケーションに関する学習指導が行われていたりする。また、療育では、児童発達支援セン

ター・事業（所）、病院等において言語障害児への言語聴覚訓練（口蓋裂児の術後リハビリテーション等）や、知的障害児や発達障害児へのSST（Social Skills Training）やビジョントレーニング等が行われている。これらの特別支援教育や療育実践は、ダイバーシティ保育・インクルージョン保育実践において、幼稚園等での子どもの生活の質の向上に資する支援にもなりうる。特別支援教育や療育実践の中には幼稚園等での実践が困難な取り組みもあるため、中長期に渡る障害児等特別なニーズのある子どものダイバーシティ保育・インクルージョン保育実践に臨む際には、段階的な計画を立てる必要性があるといえる。

## 第3節　組織マネジメントと経営理念

　幼児教育施設およびその施設を経営する法人は組織である。組織とは「二人以上の人々の意識的に調整された活動ないし諸力の体系」（Barnard,1938 ＝ 1968, 75）を意味する協働システムであり、協働システムはマネジメントの対象となるものである。マネジメントとは管理、分析、計画、調整、判断、評価、統制、組織化等を含む多様で総括的な概念であり、組織目標を達成するために行われる営み全般を指し示し、資源を活用するだけでなく、資源開発も行う実践的行為である（田中, 2018, 12-13）。

　この組織をマネジメントすることを組織マネジメントといい、組織の目的、目標を効率的・効果的に達するために必要な施策を講じることである。この組織マネジメントを行う際には「組織の理念的目的と経営のやり方と人々の行動についての基本的考え方」である経営理念がその方向性を決めるとされている（伊丹・加護野, 2003,347）。経営理念には組織が果たしていく社会的役割や使命を示すMission（ミッション）、組織の将来像やあるべき姿を示すVision（ビジョン）、組織の価値観を示すValue（バリュー）が含まれる。そのため、経営理念はその組織の経営や事業を展開する際の基本的な姿勢を示すものであり、組織構成員の判断基準としても機能するものである。そのため、経営理念が組織の方向性や組織構成員の行動を大きく左右するのである。これは幼児教育施設においても同様であり、幼児教育施設は「理念をもって生まれ」るため、「その理念を達成することを目標」とし、「実現するための方法によって運営される」のである（山田, 2022, 345）。

　幼児教育施設には、経営理念とならび保育理念も設定されている。保育

理念とは「子どもが生活を営む場において」は「保育者同士が保育理念という同じ方向性を持ち、保育を実践する」ために重要な理念である（高橋・戸田, 2017, 79）。幼児教育施設は保育理念を達することを主目的とする組織であるため、その保育の基本的な考え方を規定する保育理念と経営理念とが不可分な関係性にある。そのため、保育理念が経営理念と一体化されて明文化、公表されている場合もあれば、両者が分別されて明文化されておらず、公表もされていない場合もある。また両理念が「保育の実際から遊離」した結果、「園文化に一貫性、体系性、組織性、計画性をもたらす中心的価値観として機能していない」組織が存在する可能性も指摘されている（横松・渡邊, 2009, 32）。しかしながら、両者は明確に異なるものであり、特に組織全体の保育に関する価値観や認識が反映される保育理念に比して、経営理念はそのときの経営者や経営参画者の組織づくりや経営方針に対する価値観や認識が強く反映される。

　ダイバーシティ・インクルージョン保育では子ども一人ひとりの発達の特性に応じて、子どもの多様な特別なニーズに対応していくことが求められ、その際には保育者により評価や支援の方針にブレが生じることは望ましくない。したがってダイバーシティ・インクルージョン保育実践に臨む組織では、子どもの一人ひとりの個性や生命を尊重するような組織構成員の共通理解を促す保育理念と、その保育理念に基づき保育実践を行うための経営者（法人理事者や施設管理者等）や経営参画者（組織構成員）の具体的な方法を規定するための方向性を示す経営理念の両方を定め、組織構成員がそれらを認識できる環境の整備が不可欠となる。

### 第４節　経営理念と理念経営

　上述のように幼児教育施設における経営理念は保育理念の実現に向け、組織の存在意義に基づいて保育事業活動の中で「何をしていくのか」という方向性を規定する価値観や認識を組織内外に示すものである。保育実践の創造に際して、経営者の理念と経営参画する保育者、職員等の動機づけや欲求の反映、施設を取り巻く環境からの要請等が相互に関連し合って組織経営はなされるため、具体的な行動レベルまで計画化を図るためには経営理念の浸透が必要であり、組織では「理念浸透に向けた経営資源の投入」（瀬戸, 2018, F24-1）がなされる。

　この経営理念の浸透を図り、経営理念に基づいた経営を行うことを理念

24

経営という。理念経営が行われる組織では、組織内の意思決定の際に経営理念が判断基準となるため、経営者の意図を組織構成員に効果的、効率的に伝えることが可能となる。組織構成員にとっても判断の際に優先順位の順列が示しやすくなったり、判断に係る時間の短縮やブレを小さくできたりする利点が生じる。またサービス提供を行う組織の場合、経営理念は提供するサービスの価値をサービス利用者に示すため、サービス利用者の期待を高め、組織としては情報公開、情報発信の基準としても機能し、オープンな経営やサービス利用者との信頼関係の構築に寄与する。

## 第5節　幼児教育施設における理念経営

　幼児教育施設では保育理念の実現に向け経営理念を定め、この経営理念に基づいた理念経営を進めることで、ダイバーシティ・インクルージョン保育に取り組んでいくことが期待される。では、ダイバーシティ・インクルージョン保育を推し進めていくための理念経営とはどのようなものであろうか。
　保育理念は各園で異なるが、以下のような例示ができる。
○ 一人ひとりの個性を大切にする
○ 未来を創り出す子どもを育てる
○ すべての子どもの可能性を引き出す
○ 地域に根差す△△園（幼児教育施設名）
　また経営理念としては、以下のような例示ができる。
○ 地域の子育て支援の拠点としての園を目指す
○ 保護者の立場から常に保育サービスの充実に取り組む
○ 利用者の期待に応える園づくり
○ 地域社会とともにある園経営
○ 職員にとってやりがい、働きがいのある職場づくり
○ 地域社会に貢献する△△園（幼児教育施設名）
○ 子ども、家庭、園の希望を実現していく
　上で例示した保育理念はいずれもダイバーシティ・インクルージョン保育を推進していく方向性を示すことができる理念となっている。経営理念は、保育理念を実現するための保育事業活動の中で「何をしていくのか」を示すものであるため、組織や保育者の取り組みに焦点が当たることが多い。そのうえで保育理念と経営理念との組み合わせを考慮すると、例えば「す

べての子どもの可能性を引き出す」保育理念の下、「利用者の期待に応える
園づくり」を経営理念として、多様な特別なニーズに対応していくための
保育実践を行う環境の構築に努めていく園経営モデルが考えられる。

　このような保育理念、経営理念を定めたうえで理念経営は行われるが、
理念経営においては経営理念の設定後、その理念を組織に浸透させていく
過程が重要視される。この過程においては、以下の点に留意したマネジメ
ント過程が必要である。

　第一に組織構成員が経営理念を学習する機会が設けられ、経営理念に賛
同、共感が得られる過程が必要である。経営理念は経営者のみの考えに基
づくものではなく、経営参画者となる組織構成員からの意見も反映された
ものが望ましい。そのため、経営理念の制定に際して組織構成員にアンケー
ト調査や聞き取り調査等を実施し、組織構成員の「声」を踏まえた内容とす
る方法が有効である。また、すでに経営理念が存在している場合は、その
経営理念の背景にある組織の創設の経緯や発展過程、経営理念から導かれ
る組織の将来像等を経営者が中心になって構成員に対して説明を果たすこ
とが浸透の過程となる。

　第二に組織における意思決定を経営理念に沿って行う過程が必要であ
る。例えば法人、施設等で行う地域子育て支援拠点事業等の各種事業を実
施する際には、どの経営理念に照らして実施するのか、経営理念に照らし
てどのような事業デザインにするのかを経営者を中心に組織構成員に説明
し、理解を得ることがポイントとなる。ただし、経営理念に基づき事業実
施の可否を検討すると「やらないよりはやる方が経営理念に即する」とい
う理由で新規事業を実施し、その結果事業規模や業務量が膨大化していく
経営課題が生じやすくなる。そのため、社会的意義や財政・経営基盤の安
定とともに、組織構成員の労務環境やキャリア経営に関する経営理念の内
容（項目）に基づき、労働安全衛生との両立が図られる意思決定を行わなけ
ればならないことに留意する必要がある。

　第三に理念経営を実現していけるよう、理念を組織に浸透させていく過
程と組織体制（事業体制）を整備していく過程とが一体的に展開していく
ことが必要である。上述の第二の過程と重なるが、理念経営を実現してい
くためには、経営理念を実現できるような組織づくりを行う作業が不可欠
である。ダイバーシティ・インクルージョン保育を実施するためには、園
内の限られた人や時間、施設等の環境を活かしながら、一人ひとりの子ど

ものニーズに応じた保育実践をデザインすることが求められる。そのため、行事の実施、行事内容、クラス編成等従来の組織体制や保育内容を見直すという抜本的な保育事業計画の改革を伴う作業が生じることもある。「行事を削減して業務量を削減する」「月単位で（一括して）実施する誕生会を可能な限り個別に実施して、一人ひとりの子どもの生命を尊重する機会を創出する」、「子どもの発達段階と関心に応じて縦割り保育を実施する」「他クラスでの活動への参加を柔軟に認めていく」等の検討がその一例といえるだろう。また人事施策として、「研修の体系化や研修機会の拡充」「研究組織（研究部）の設置と保育実践研究の実施」「（非常勤を含む）職員の拡充・配置基準を超える職員の配置」「雇用・勤務形態の多様化・職員シフト改善」等もあげられる。

　つまり経営者は理念経営における経営理念の浸透につながるように説明等に努めることと、組織構成員が経営理念に基づく業務、保育実践を行えるように事業体制整備を積極的に推し進めることを両輪としてマネジメントするのである。ダイバーシティ・インクルージョン保育は経営理念に込められた「思い」だけで進められるものではなく、保育者が安定した労働環境で取り組めるような事業計画や経営計画に基づく組織開発と同時に取り組むことで進んでいくと考えられる。

## 第6節　ダイバーシティ・インクルージョン保育を推進する理念経営のポイント

　最後にダイバーシティ・インクルージョン保育を推進する理念経営のポイントを2つあげる。ただし、理念経営のポイントはそれに限られるものではない。詳細は本書の各章で示されるため、ここでは取り組み始める最初の着手点を定める際の参考として示す。

### 1．経営理念について語る場の設定

　経営理念に基づく理念経営では、「理念には賛同するけど、そのために（新たな取り組みをすることで）業務を増やしたり、やり方を変えたりするのには賛同できない」という状況が生じやすい。そのため、経営者は組織構成員に理念に基づき新たに取り組む内容や変更する内容、方法について説明をするとともに、組織構成員から現在の業務遂行状況や課題等を聞き取り、調整を図る場を設定することが欠かせない。保育所のように、職

員に複数の勤務シフトが構成されているため、それぞれに勤務時間にずれがある場合等全職員を一度に集める機会を設けることが難しい場合は、複数回に分けて実施し、非常勤職員も参加できるように時間設定やシフト調整を行う。このような場で得られた情報を活用すれば、理念経営では具体的に取り組む時期を遅らせたり、先に組織体制整備に取り組んだりするといった業務の優先度を判断することも可能になる。

## ２．組織の柔軟性を高める

　現在日本の幼児教育施設は、学年、年齢別のクラス編成を基本として担当保育者が固定される組織形態を採用しているところが多い。そのため、子ども一人ひとりは在籍するクラスで園生活の大半を過ごすこととなる組織が多いと考えられる。しかしながら、多様な一人ひとりの子どものニーズに応じた保育実践をデザインするうえでは、この組織形態は子どもと特定の保育者等職員との関係性が固着しやすくなり、子どものニーズに応じた人間関係の形成上の課題となる場合もある。そのため、安定した愛着関係の形成のための担当制保育を行いながらも、子どもの人間関係形成に応じて、他のクラスや保育士とも豊かな関わりが行えるような組織の柔軟性を高める視点も求められる。

　必要に応じて他のクラスの活動に参加したり、各保育士が得意とする遊びの活動を活かして学年、年齢を超えた保育集団を編成して実践が行えたりするような体制も構築することが望ましい。それは子どもの情報共有や居場所を把握できるような職員間のコミュニケーションを図る組織文化、また保育者の得意を活かせる人事配置等がなされることで実現が可能となる。子どもの支援に関する情報共有や各クラスの週案・日案等を相互に確認できるような「教務システム」等の導入も有用であるといえよう。

　このような理念経営のポイントを踏まえ、各幼児教育施設では現在の保育実践や組織体制を把握し、必要に応じて組織体制や業務体制を新規にデザインする改革に取り組んだり、リデザインして再整備したりして、ダイバーシティ・インクルージョン保育に取り組むことができるようにマネジメントしていくことが望ましいといえるだろう。そのためにも本書を適宜活用することを期待する。

（田中　謙）

引用・参考文献

・ Barnard,C.I.(1938)The Functions of the Executives, Harvard Univ. Press（山本安次郎・田杉競・飯野春樹訳（1968）『新訳経営者の役割』ダイヤモンド社）.

・ OECD（2015）Starting Strong IV-Monitoring Quality in Early Childhood Education and Care. OECD.

・ 伊丹敬之・加護野忠男（2003）『ゼミナール経営学入門第 3 版』日本経済新聞社 .

・ 小川英彦・田中謙編著（2022）『ダイバーシティ・インクルージョン保育』三学出版 .

・ 瀬戸正則（2018）「（24）ベンチャー型中小企業における理念経営に関する一考察」日本経営学会『經營學論集』88（0）,F24-1-F24-8.

・ 高橋優子・戸田雅美（2017）「園の保育理念理解に基づく保育実践の創造の特徴」東京家政大学生活科学研究所『東京家政大学生活科学研究所研究報告』40,79-80.

・ 田中謙（2023）「小川英彦・田中謙編著『ダイバーシティ・インクルージョン保育』（三学出版、2022 年 8 月 8 日）」日本大学教育学会『教育學雑誌』59,105-106.

・ 横松友義・渡邊祐三（2009）「各保育園におけるこれからの保育課程開発のための園文化創造アドバイザー支援に関する考察」岡山大学大学院教育研究科『岡山大学大学院教育研究科研究集録』14,29-42.

・ 山田眞理子（2022）「保育理念を実践に展開する方法の提案〜保育理念を基にしたアセスメントシートをチェックすることによる保育者の変化〜」九州大谷学会『九州大谷研究紀要』48,348-330.

# 第 3 章　経営組織の整備

　本章では、ダイバーシティ・インクルージョン保育を進めるための幼児教育施設の経営組織をどのように整備すればいいのか、その基本的な考え方について概説する。なお、本章では社会福祉法人等の経営ではなく、各法人等に属する各施設単位での経営組織の整備に焦点をあてている。

　また、幼児教育施設の経営組織は、学校法人、社会福祉法人、NPO 法人、株式会社等運営元の法人種別で異なったり、同じ法人種別であっても運営する事業所数等法人規模で異なったりする。そのため、本章では施設規模によらず共通しやすい経営組織整備のポイントを中心に取り扱うこととする。

## 第 1 節　幼児教育施設の経営組織

　幼児教育施設の経営組織は、運営する学校法人、社会福祉法人の事業規模、幼児教育施設の職員配置基準に基づく職員配置数等の規模等により異なるため、個々の施設でその組織形態は異なることが前提となる。また、幼稚園の場合は「学校教育法」（昭和 22（1947）年 3 月 31 日法律第 26 号）および「幼稚園設置基準」（昭和 31（1956）年 12 月 13 日文部省令第 32 号）、保育所の場合は「児童福祉施設の設備及び運営に関する基準」（昭和 23（1948）年 12 月 29 日厚生省令第 63 号）、幼保連携型認定こども園の場合は「就学前の子どもに関する教育、保育等の総合的な提供の推進に関する法律」（平成 18（2006）年 6 月 15 日法律第 77 号）および「幼保連携型認定こども園の学級の編制、職員、設備及び運営に関する基準」（平成 26（2014）年 4 月 30 日内閣府・文部科学省・厚生労働省令第 1 号）と、各法律・

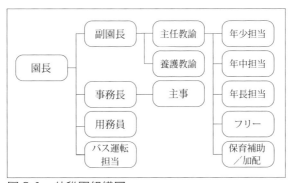

図 3-1　幼稚園組織図

表 3-1　主な園務管理

| 主な園務（業務）内容 | ダイバーシティ・インクルージョン保育に係る主な園務（業務）内容 |
|---|---|
| 保育実践を行うための計画策定、保育環境構成や施設管理等の業務等 | 特別ニーズを有する子どもの保育実践、個別の支援計画・個別の指導計画作成、園内委員会・ケース会議の実施等 |
| 幼児教育施設運営のための委託費の申請・処理等会計経理、職員給与や研修旅費の処理等 | 障害児保育事業補助金申請・処理、専門書購入費、研修旅費処理等 |
| 職員の人材確保、配置、シフト管理、休暇処理、研修派遣者選定等計画の策定・実施等 | 加配保育士の確保、配置、シフト管理、園内委員会・ケース会議実施のためのシフト調整等 |
| 行政提出書類作成、保護者・外部対応、取引業者対応、備品管理・発注等 | 障害児保育事業助成認定児童等申請・認定確認書管理、障害児保育実施実績書・収入支出予算書提出等 |

省令等の規程に基づき、必置職員等を配置した組織形態をとることが求められる。

　例えば幼稚園の場合、「学校教育法」「幼稚園設置基準」に基づくと園長、教諭、学校医、学校歯科医、学校薬剤師が必置職員であり、教頭は例外的に置かないことができる職員であり、養護教諭、養護助教諭、事務職員が置くように努める職員となっている。この法令を遵守したうえで、実際の幼稚園では図 3-1 の組織図のように経営組織を整備している。幼稚園ではこの組織図に示されるようにそれぞれの教職員が分業（分掌）して、主に表 3-1 のような運営管理、財務管理、人事管理、事務管理に係る園務（業務）を遂行し、組織目標を達成するため形態をとっている。

　ダイバーシティ・インクルージョン保育を進めるための幼児教育施設の経営組織においても、表 3-1 のように園務（業務）を行っていく必要がある。次節では、ダイバーシティ・インクルージョン保育を進めるための幼児教育施設の経営組織に関して、運営管理、財務管理、人事管理、事務管理の項目別に説明を行う。

## 第２節　ダイバーシティ・インクルージョン保育を進めるための幼児教育施設の経営組織

### １．運営管理

　ダイバーシティ・インクルージョン保育を進めるための幼児教育施設における運営管理は、実際にダイバーシティ・インクルージョン保育実践を

行うための環境整備と、保育の実施がその中心的な園務（業務）となる。この運営管理は財務管理、人事管理、事務管理と相互に密接に関連しており、運営管理を適切に行うために財務管理、人事管理、事務管理を進めていくと理解するとわかりやすいといえる。

　運営管理に係る具体的な園務（業務）内容としては、特別なニーズのある子どもの保育実践、個別の支援計画・個別の指導計画作成、園内委員会・ケース会議の実施等があげられる。これらの具体的内容や実践例は各章で示しているため、ここでは運営管理に係る園務（業務）内容を踏まえた経営組織の整備のポイントについて記すこととする。

　運営管理を行っていくための経営組織の整備としては、まずダイバーシティ・インクルージョン保育は全職員で協働して取り組んでいく園務（業務）であるため、このダイバーシティ・インクルージョン保育の理念を全職員に浸透させていくことを目的に、経営理念を前面に打ち出した理念経営を進めていくことが重要となる（詳細は第2章参考）。そのうえで、園務（業務）遂行を合理的に遂行するため、業務環境整備に取り組むことが求められる。

　業務環境整備のポイントは「効率化と重点化」と「外部資源の活用」である。

　「効率化と重点化」に関しては、例えば、ダイバーシティ・インクルージョン保育を行ううえでは、保育計画や保育日誌・保育記録の作成、個別の支援計画・個別の指導計画作成業務の改善があげられる。これらのノンコンタクトタイムでの業務は、保育者の一日の勤務シフトの中で限られた時間内に行うことが必要な業務であるため、特に効率的な業務遂行が求められる。その一方で、これらの計画や記録の作成は重複する内容（項目）が複数存在するものの、アナログ作成（手書き）の場合はその都度重複する内容を記入・入力する必要があり、職員の業務負担となりやすい。そのため、保育計画や保育日誌・保育記録、個別の支援計画・個別の指導計画等で重複する内容、天気、気温・温度等は全園統一で一度記入したら他の全作成記録（データ）に反映される、保育日誌・保育記録における保育のねらいや環境構成は保育計画（月案、週案、日案等）から自動転記されるような作成システムの整備が効率化に寄与する。この効率化を基に保育日誌・保育記録では、保育実践のうえでの気づきや反省、子どもの様子の入力に重点を置くのである。これは保育の質の改善につながる情報の収集に有益である。また障害児等特別なニーズのある子どもの記録は、個別に児童要録作成データベースや、巡回観察記録データベースに自動転記されることが望

ましい。

　「外部資源の活用」に関しては、例えば幼稚園教諭養成課程のある大学、短期大学、専修学校や指定保育士養成施設（以下、両者を併せて養成校と表記）との連携による業務改善である（Q13参照）。今日の幼稚園教諭養成課程では「学校インターンシップ（学校体験活動）」等の必修科目が設定され、日常的に養成課程の学生が活動可能な環境が整ってきている。また養成校の研究者と共同研究を行う幼児教育施設も珍しくない。このような養成校との連携をより強化し、学生視点での労務環境課題の整理検討や、先に述べた保育日誌・保育記録のデータ分析を通して科学的に保育実践を検証するような研究を推し進めることが、ダイバーシティ・インクルージョン保育の充実には望ましいといえる。この前者の学生の視点やアイディアは人事管理にも有益な情報をもたらすことが望まれるし、後者のデータ分析は近隣に養成校が所在しない地域でもオンライン会議等を通して一定程度可能となるため、幼児教育施設の運営管理上の戦略となり得るものである。養成校の設置主体と包括連携協定等を締結し、データ管理体制を整えながら外部資源を活用して実践研究に取り組むための環境整備は、ICT等を活用すれば施設規模に応じながら実現可能である。

　運営管理はダイバーシティ・インクルージョン保育のみならず、幼児教育施設における保育実践全体の改善につながる内容が多く、人事管理にも正の相乗効果をもたらすことが可能である。特にダイバーシティ・インクルージョン保育では、丁寧に子ども一人ひとりとコンタクト、ノンコンタクトで関わる時間の捻出が経営課題となるため、タイムマネジメントの視点からも運営管理に係る経営組織の整備には積極的に取り組むことが望ましいのである。


## ２．財務管理

　幼児教育施設における経理、財務を担う財務管理は、公立の場合は運営費が行政歳出における民生費や教育費に計上され、その予算の範囲内で執行して行われる。私立の場合は例えば認可保育所の場合、保育所委託費が市区町村行政から財政支援として拠出され、さらに延長保育や一時保育、夜間保育、障害児保育等の各保育事業を行政基準に沿って実施する場合に事業補助金として助成される。また、それ以外に公益財団法人等が行う教育事業や社会福祉事業に係る補助事業に申請し採択されれば、補助金の趣旨に沿ってその事業を実施するための財務管理に取り組むこととなる。

　全国的に、私立保育所の収入に占める委託費の割合は約 75 ～ 90％程度といわれている。この委託費を中核とする収入の中から、職員給与や賃金等の職員処遇に係る経費である人件費、物件費・旅費等保育所の運営に必要な経費である管理費、保育実践等に係る直接的な必要経費である事業費等を支出する。この内一番多くの割合を占める人件費は、財政の柔軟性の観点からは 70％程度が望ましいと考えられている。

　しかしながら、実際に保育所を運営する社会福祉法人の財務諸表を分析すると、人件費が総支出の 80％ 近くにのぼる社会福祉法人が複数存在する可能性も指摘されている [1]。制度上委託費の使途制限が課せられていることも考慮すると、保育所の財務管理において支出は固定費の割合が大きく、人件費だけで 80％ 近くを占めるとなると、財政硬直化による悪影響が懸念される。保育所等幼児教育施設は委託費を中心とする財源の性質上、需要の変動に対応しにくく柔軟性に乏しい特質を有しているため、財務管理による配置基準を上回る人員配置等が行いにくいとされている。

　このような状況の中で、社会福祉法人によっては、各自治体行政独自の補助金制度を活用したり、ICT の導入による事務コスト削減等に取り組み、基準を上回る職員配置を行うための財務管理に取り組んでいる社会福祉法人も存在する [2]。そのため、積極的に行政の補助金や民間の公益財団法人等の事業補助金を積極的に活用したり、管理費や事業費の適正支出を推しすすめたりする財務管理に取り組むことは、特にダイバーシティ・インクルージョン保育において個別での合理的配慮等が必要な機会に対応するための加配保育士、保育補助の配置を推し進める上で有効な経営手法となり得る。

　財務管理は、2023 年 9 月時点の現行では、「子ども・子育て支援法附則第 6 条の規定による私立保育所に対する委託費の経理等について」（2015（平成 27）年 9 月 3 日付府子本第 254 号・雇児発第 6 号）、「「子ども・子育て支援法附則第 6 条の規定による私立保育所に対する委託費の経理等について」の取扱いについて」（2015（平成 27）年 9 月 3 日付府子本第 255 号・雇児保発第 0903 第 1 号）、「「子ども・子育て支援法附則第 6 条の規定による私立保育所に対する委託費の経理等について」の運用等について」（2015（平成 27）年 9 月 3 日付府子本第 256 号・雇児保発第 0903 第 2 号）の各通知に基づいて適切な業務執行が求められる。

　そのため、社会福祉法人や幼児教育施設等において財務管理を進める中心的役割を担う職員としては、月次計算書類の作成を担う会計責任者、会

計伝票の作成を担う出納職員が主なものとしてあげられ、これらの職員を中心に業務が執行される。また法人規模や施設規模によっては、小口現金取扱規程（要綱）等に基づき日々の業務内での少額の現金支払い、清算等を行う小口現金取扱者、契約等に係る事務処理の実務的業務を担う（契約担当者は原則として代表権のある法人理事長）契約担当者等が配置される。これらの財務管理の中心的役割を担う職員をしっかりと法人として任命して辞令を交付し、その業務内容や組織内での位置づけの明確化を図ったうえで管理業務を行うことが適法な業務執行には必要となる。

　その一方で、一法人で複数の幼児教育施設等を経営する場合、ダイバーシティ・インクルージョン保育のために必要な加配保育士、保育補助の配置等の人事管理や研修の企画実施等に関して、法人主導での運用方法を策定すると、幼児教育施設の現場で求められる運用方法に適しない事例も少なくない。例えば法人が人材採用・研修を行い、その人材を各幼児教育施設に配置すると、幼児教育施設が求めている人材とのミスマッチが生じる等があげられる。また法人で企画する研修は、必ずしも幼児教育施設の現場で喫緊に求められるテーマと合致しない可能性もある。そのため、財務管理等においては法令規定を順守する中で、一定の財務管理に係る裁量権を法人から幼児教育施設へ委譲し、現場の実態に即した人材を幼児教育施設主導で採用し、雇用等に係る財務管理は法人が行うことや、一つの幼児教育施設が研修を企画実施し、法人がオンラインでのハイブリット開催運営を補助して、他の幼児教育施設職員の参加を促す等の方法が考えられる。財務管理においては、他の業務との関連の中で、法人と各幼児教育施設が適切な業務分担を行い、その中で相乗効果を生み出せるような創意工夫が重要となる。

## 3．人事管理

　ダイバーシティ・インクルージョン保育に係る人事管理は、保育実践以外の関連業務の中では重要な位置を占める。人事管理戦略を適切に推し進めることが、ダイバーシティ・インクルージョン保育実践の質に特に影響するためである。

　ダイバーシティ・インクルージョン保育に係る人事管理は、経営の「見える化」に特に尽力することが求められる。経営の「見える化」とは、ダイバーシティ・インクルージョン保育に係る経営情報を整理したうえでその情報を組織構成員が確認できるとともに、それを活用して組織内の問題解

決に活用できるような経営スタイルを指し示す。ダイバーシティ・インクルージョン保育に係る経営情報とは、対象となる障害のある子どもや海外にルーツのある子ども等の児童に係る情報のみならず、経営者の目指すダイバーシティ・インクルージョン保育に臨む施設の将来像、一人ひとりの職員のアウティング（Outing）可能な、得意・不得意や挑戦したい保育実践（担当年齢や保育内容等）、ダイバーシティ・インクルージョン保育への「思い」等である。

　まずダイバーシティ・インクルージョン保育に係る経営の「見える化」で必要なことは、適切な分業（分掌）体制の構築である。ダイバーシティ・インクルージョン保育は多様な背景、特別なニーズのある子どもを含む集団での保育実践となるため、職員一人ひとりが担当にあたって（保護者を含む）子どもとの関わりに期待や不安を有する。また職員一人ひとりが自らのキャリアや保育実践への「思い」から、クラス担当等に関するニーズを有している。そのため、マネジメント業務を中心に担う理事長・園長等（以下、経営側）は経営側の把握している情報のみでクラス担当等の分業（分掌）体制を決めるのではなく、職員一人ひとりの意見表明の場を設け、集約を図ることが必要となる。そのうえで、分業（分掌）体制案を丁寧に説明し、職員の理解を得ることが不可欠となる。

　この一連のプロセスにおいては、個別で職員の意見を収集し、説明は職員全体に行い、しっかりと担当等の選定理由を経営側が説明する。職員シフトの理由等で一斉説明が難しい場合は、説明の映像を視聴する機会を設ける等全職員が説明を確認できるようにする。経営の「見える化」においては、経営側がしっかりと経営の意図を説明し、職員の理解を求めるプロセスが肝要であり、そのために人事（配属等）の丁寧な説明と職員一人ひとりへの期待を言語化することが必要である。もちろんすべての職員の希望に応じた人事は困難が予測されるため、今年度の希望が叶わなかった職員には次年度の人事配置での優先的な待遇等のインセンティブ（Incentive）を考慮する等人事戦略を策定する必要がある。

　経営の「見える化」で避けるべき手法は、組織の決定には有無をいわずに従うことを求めたり、職員の意見を聞かずに一方的な業務命令を実施したりすることである。ダイバーシティ・インクルージョン保育は適切な労働環境の下に行われる営みであるため、職員のメンタルヘルスの維持向上は必須となる。しかしながら、高圧的な業務執行や一方的な業務命令は職

員のストレッサーとなり、職員のメンタルヘルスにマイナスに作用する。職員のメンタルヘルスの維持向上が図られる適切な労働環境整備のためには、職員の要望を傾聴し、法人や施設の現状もしっかりと情報開示と説明を行い、合意形成に向けた対話が行われる機会（集団、個別での面談や説明会の実施等）を設けることである。個々の職員から許可を得たうえで、可能な限り各職員の要望も組織として共有し、人事配置に係る業務プロセスも法人や施設側から積極的に情報発信していく。

　実際にある幼児教育施設では、若手で体力があるからという理由で法人、施設側がキャリアの浅い保育者を特別なニーズのある子どもの多いクラスへ配属する人事配置を行った事例がある。この事例では担当する保育者の希望と異なる人事配置であり、その希望に関しても施設側と話をする機会はほとんどなく、施設側からも配置に関する説明もなかった。この保育者の場合、人事配置に関して前向きにとらえることはできず、保育実践の負担が大きくなる中で適切なサポートも得られないことも重なり、結果的に体調を崩して休職を余儀なくされた。当該クラスへの人事配置は避けられない経営状況であったとしても、人事配置に関して法人、施設側の説明不足や保育者との対話の機会が不足していたことは否めず、経営の「見える化」とはほど遠い事例である。

　人事配置からみる経営の「見える化」では、配置基準に従った人員配置や、労働時間の適切化といった施策を講じれば十分というだけでなく、職員が主体的に労働に取り組むための説明や対話、さらには見通し等の人事配置に係る施策の実施も見逃せないポイントである。入社前に配属先（事業）を選択したり、要望を聴取して最大限配慮したりする採用人事施策の導入に取り組む一般企業も出始めている。学校法人や社会福祉法人等の採用人事に関しては必ずしも一般企業のそれと軌を一にするものではないものの、このような人事配置施策は、職員のメンタルヘルスの維持向上にも有効と考えられるため、学校法人や社会福祉法人等でも可能な施策を検討することが望ましい。

　経営の「見える化」を通して、職員一人ひとりが適切な分業（分掌）体制の下で個々の力を発揮できるようにする経営手法の確立は、人事管理の中核となる経営課題といえる。なお、適切な分業（分掌）体制の構築後の職員の職能開発については、第6章「研修（講演）・園内研究」、第8章「（実践例）副園長・主任・副主任・職務分野別リーダーの養成」で述べる。

## 4．事務管理

　最後に事務管理とは主に法務事務や総務事務に関連する業務の管理を指し示すが、事務管理は特に組織全体の業務効率改善やサポートの観点から、幼児教育施設においては事務所を中心に業務に取り組むこととなる。本章では特に総務事務、ダイバーシティ・インクルージョン保育に係る業務改善の観点から、ポイントを整理する。

表 3-2　業務改善方法例

| 項目 | 概要 |
|---|---|
| 業務効率化 | オンラインノートツールで会議録作成を行い、議事録の作成・確認・共有コストを低減させる |
| | メッセンジャーアプリケーションやビジネスチャットツールを活用して、会議数の削減、短時間化を企図する |
| 職員間協働 | 児童の居場所のフリーアドレス化 |
| | 研修資料・記録共有化プラットフォーム構築 |
| 業務タスク化 | 加配保育士・保育補助の打合せ業務、ケースカンファレンス、記録作成の義務化 |

　総務事務から業務改善を図るためには、限られた時間を有効活用できるように、次のような点の見直しが考えられる。

　業務効率化に関しては、限られた時間（資源）の効率化（無駄遣いの削減）を目指したり、会議の時間を短縮したりするICTツールの活用を試みる方法等が考えられる。職員間協働に関しては、特に施設内で児童が自らの望む空間で遊びを展開できるように、必要な時間にはクラスでの生活という枠組みを外し、フリーアドレスとして好きな空間で時間を過ごすことができるようにする。そのため、保育者間で事務所を介してメッセンジャーアプリケーションやビジネスチャットツールを使って共有したり、GPS等を使ったりして子どもの居場所を把握する仕組みを導入する。縦割り保育（異年齢保育）やコーナー保育のみならず、フリーアドレス化も十分検討に値する改善方法である。研修資料・記録も一部許可が得られない場合を除き可能な限り園内で共通のプラットフォームに登録し、職員相互で確認できるようにするのが望ましい。その際には内容ごとのタグ付けルール等を統一しておくと、検索や活用が容易となる。

　業務タスク化としては、業務時間（シフト）がほぼコンタクトタイムに

振り当てられやすい加配保育士・保育補助の打ち合せ業務、ケースカンファレンス、記録作成の業務化を図り、シフト上の時間を確保するための管理業務があげられる。

## 第3節　まとめ

　本章では幼児教育施設の経営組織と運営管理、財務管理、人事管理、事務管理4つの園務（業務）管理について取りあげたが、ダイバーシティ・インクルージョン保育をさらに進めるための幼児教育施設の経営組織整備のポイントは、職員一人ひとりの労務環境の改善を図り、組織全体の園務（業務）遂行の効率性をあげる取り組みを図っていくことにつながる。そのためには、経営側を中心としつつも、すべての職員が参画して改善に努めていくことが必要となる。その際にはすべての意見や希望を並立して実現することは難しいため、経営判断や代替策の検討も必要となる。そのときにはしっかりと経営側が説明を行い、職員の理解を得るように努めなければならない。

　つまり、経営側がしっかりと経営方針に従って施策を講じるだけでなく、説明を尽くして組織構成員の理解を互いに得ていく過程を重んじる必要がある。この施策の実施のみならず説明・理解獲得を得る取り組みの質は経営側の専門性に左右されるといえ、経営組織整備のためには経営側の職能開発も不可欠なのである。

（田中　謙）

注
1　館山壮一（2022）「保育所を運営する社会福祉法人の財務的特徴と戦略」修紅短期大学『修紅短期大学紀要』42,37-44.
2　株式会社船井総合研究所『グレートカンパニーアワード2023』における「働く社員が誇りを感じる会社賞」を受賞した社会福祉法人風の森（東京都杉並区）https://gca.funaisoken.co.jp/2023-award/

引用・参考文献
・社会福祉法人日本保育協会監修・佐藤和順編（2021）『保育者の働き方改革―働きやすい職場づくりの実践事例集―』中央法規出版.
・山﨑正枝（2020）「組織開発のアプローチを導入した人事制度構築―保育園Yの事例―」日本労務学会『日本労務学会誌』21（1）,48-65.

# 第4章　人事配置・人材育成

## 第1節　人事配置基準

### 1．幼稚園・保育所・認定こども園（幼児教育施設）の職員配置基準

　表4-1は、幼稚園・保育所・認定こども園について国が定めた職員配置基準である。表4-2は横浜市、表4-3は京都市における保育所の職員配置基準である。このように、保育の質を担保するために国の基準を上回る独自の配置基準を定めている自治体がある。

　一方、隣接校種である小学校については、2021年3月に改正義務教育標準法（公立義務教育諸学校の学級編制及び教職員定数の標準に関する法律）が可決されたことにより、1学級の上限が35人となった。現在はこの変更の移行期にあり、2025年度までには6年生までの学級を段階的に上限35人にし、全国すべての公立小学校で35人学級への移行が完了する。小学校が35人学級に移行するメリットとして挙げているのは、「個別最適な学び」と「協働的な学び」の保障である。一例を挙げるならば、GIGAスクール構想に基づいて進めているICT教育において、一人ひとりへのきめ細やかな指導が可能となる。

　初等教育の前段階である就学前教育においても、ICT教育はすでに導入されている。1人1台端末の環境において、保育士や教諭が幼児の「個別最適な学び」を支援したり、パッドを用いてグループで物語を創作し発表したりする活動を通して「協働的な学び」も展開されている。このような就学前教育と初等教育との繋がり、および公立小学校の35人学級体制構築の動向を踏まえて、SDG'sの理念でもある「誰一人取り残さない幼児教育」の重要性を考慮すると、国が定める幼稚園や保育所、認定こども園の職員配置基準の見直しが待たれるところである。

　以上を踏まえて、次項では文部科学省による調査結果を示しつつ、保育現場の状況把握を試みる。

### 2．要支援児数の実態調査

　文部科学省が2022年1月から2月にかけて実施した調査によると、通常学級に在籍する小中学生の中に、「学習面または行動面で著しい困難を示す」児童生徒が8.8％含まれていた。これは、特別な教育的支援を必要とする児童生徒数の割合を示すものである。「学習面で著しい困難を示す」

40

表 4-1　保育所・幼稚園・認定こども園の職員配置基準（国）

| 保育所<br>（常時 2 人以上） | 0 歳児：3 人に対して 1 人の保育士 |
| --- | --- |
| | 1 〜 2 歳児：6 人に対して 1 人の保育士 |
| | 3 歳児：20 人に対して 1 人の保育士 |
| | 4 〜 5 歳児：30 人に対して 1 人の保育士 |
| 幼稚園 | 1 学級 35 人に対して専任教諭 1 人 |
| 認定こども園 | 短時間利用児：幼稚園と同じ |
| | 長時間利用児：保育所と同じ |

表 4-2　保育所の職員配置基準（横浜市）

| 保育所<br>（常時 2 人以上） | 0 歳児：3 人に対して 1 人の保育士 |
| --- | --- |
| | 1 歳児：4 人に対して 1 人の保育士 |
| | 2 歳児：5 人に対して 1 人の保育士 |
| | 3 歳児：15 人に対して 1 人の保育士 |
| | 4 〜 5 歳児：24 人に対して 1 人の保育士 |

表 4-3　保育所の職員配置基準（京都市）

| 保育所<br>（常時 2 人以上） | 0 歳児：3 人に対して 1 人の保育士 |
| --- | --- |
| | 1 歳児：5 人に対して 1 人の保育士 |
| | 2 歳児：6 人に対して 1 人の保育士 |
| | 3 歳児：15 人に対して 1 人の保育士 |
| | 4 歳児：20 人に対して 1 人の保育士 |
| | 5 歳児：25 人に対して 1 人の保育士 |

とは、「聞く」「話す」「読む」「書く」「計算する」「推論する」の一つあるいは複数で著しい困難を示す場合を指す。「行動面で著しい困難を示す」とは、「不注意」「多動性－衝動性」、あるいは「対人関係やこだわり等」について一つあるいは複数で問題を著しく示す場合を指す（表 4-4）[1]。

　この調査結果を国の職員配置基準に照らすと、保育所における 30 人クラスや、幼稚園や認定こども園における 35 人クラスの中に、2 〜 3 人の要支援児が在籍している計算になる。本調査の回答者は医療従事者ではなく、通常学級の担任等であることから、就学前教育従事者である保育所・幼稚園・認定こども園の保育士や教諭が出会う子どもたちにも、類似の特徴が見られると推察される。したがって、今日の保育者にはインクルージョ

表 4-4　「学習面又は行動面で著しい困難を示す」とされた児童生徒数の割合）
【母集団：小学校 5,875,825 人、中学校 2,865,494 人】

|  | 推定値（95％信頼区間） |
|---|---|
| 学習面又は行動面で著しい困難を示す | 8.8%（8.4%〜9.3%） |
| 学習面で著しい困難を示す | 6.5%（6.1%〜6.9%） |
| 行動面で著しい困難を示す | 4.7%（4.4%〜5.0%） |
| 学習面と行動面ともに著しい困難を示す | 2.3%（2.1%〜2.6%） |

（文部科学省（2002）を基に著者作成）

ン保育の実践力が不可欠である。

　保育スキルの高い保育士や教諭であっても、インクルージョン保育を単独で実践するのは困難である。円滑なクラス運営には加配の保育士や教諭が必要であり、かつ園全体でインクルージョン保育を推進することが重要である。そこで次項では、各園における保育の質の充実を支援する国の施策を整理する。

### 3．インクルージョン保育の推進に関する施策の動向

　本項では、インクルージョン保育の推進に関する国の施策を紹介する。2023 年 3 月、厚生労働省は 2016 年度に創設された「保育所におけるチーム保育推進加算」[2]の拡充を打ち出した。本制度創設以来、保育所の規模にかかわらず加配は 1 人としていたが、拡充後は利用定員 121 人以上の規模の保育所について、25：1 の配置が実現可能となるよう、2 人までの加配を可能とした。これにより比較的大規模な保育所においては、必要な要件を満たすことにより、加配保育士 2 人分の人件費が加算される。国は、この拡充を通して保育士の負担軽減、子どもの安心・安全な保育環境整備の推進を図る。先に述べた必要な要件とは、「保育所が必要保育士数を超えて保育士を配置していること」、「キャリアを積んだ保育士が若手保育士とともにチームで保育する体制を構築していること」、および「職員の平均経験年数が 12 年以上であること」である。職員の平均経験年数の要件については 2020 年度に、平均 15 年から 12 年に緩和された[3]。

### 4．人事配置は誰が、どのような尺度で決定するのか

　幼稚園・保育所・認定こども園では、学年別クラス担任、一時保育担当、フリー教諭・保育士等が保育に従事する。保育従事者の人事配置について

は、誰が、どのように決定しているのだろうか。以下に、筆者が聴き取りを行なった園の事例をエピソードと併せて紹介する。

●私立Ａ幼稚園：
　Ａ幼稚園では、教諭の希望を考慮したうえで園長が人事配置を決める。Ａ幼稚園では１クラスを１人の教諭が担任するのが基本体制である。ある年度に、着任１年目のＢ教諭は単独でのクラス担任を辞退した。そこで、園長はＢ教諭を事務員として職員室に常駐させ、業務への理解を促すとともに、Ｂ教諭が各クラス担任教諭の姿から担任業務の進め方を習得するための時間を提供した。そして、クラス担任の不在時にはフリーの教諭として、当該クラスで幼児教育に従事させることとした。

●私立Ｃ幼稚園：
　Ｃ幼稚園では、教諭の教育経験および要支援児へのケアスキルを考慮したうえで園長が人事配置を決める。Ｃ幼稚園では、特別支援教育制度開始前からインクルージョン保育が実践されており、常に各クラスに１名以上の要支援児が在籍する。そのため、各クラスにおいて複数担任が基本体制である。要支援児には医療的ケアを必要とする園児も含まれ、定型発達児とは異なるケアを追加して提供する技術が求められる。これを踏まえて、若手の教諭が主担任となり、クラス全体での活動の進行を司る。副担任は熟練教諭が担当し、要支援児に合理的配慮を提供することによってクラス全員が活動に参加できる環境を保障する。

●私立Ｄ保育所：
　Ｄ保育所では、保育士の適性および業務スキルを考慮したうえで園長が人事配置を決める。３歳児・４歳児・５歳児クラスについては１クラスを１人の保育士が担任するのが基本体制である。保育内容では、５歳児クラスでマーチングバンド活動を行うという目的を園長と共有し、その前段階としての３歳児・４歳児クラスの音楽遊びに力を注いでいる。これを踏まえて、音楽の楽しみ方を園児と共有するスキルの高い保育士が３歳児・４歳児・５歳児クラスの担任となる。一方、細やかな配慮をもって園児や保護者に言葉をかけ、人と丁寧に関わるスキルの高い保育士が０歳・１歳・２歳児クラスの担任となる。

　以上、３園について人事配置を誰が、どのように決定しているのかを紹

介した。筆者が訪問した私立園については、人事配置を園長が決定する事例が多い。一方、人事配置を決定する尺度は、各園の理念や、各園が注力する指導内容の特徴によりさまざまである。

### 5．インクルージョン保育を推進するための人事配置

前項で述べたように、人事配置については園長が決定する事例が多い。それを踏まえて、インクルージョン保育を進めるにあたり、人事配置に関して園長が考慮するポイントおよび職員への望ましいアプローチを例示する。

●「持ち上がり」と「担任交代」〜メリット・デメリット〜

持ち上がりとは、同じ保育者が複数年連続で同じ子どもたちを担任することである。要支援児を持ち上がりで担任することにより、一貫性のある安定した保育環境の提供が可能となり、環境の変化に弱い子どもにとっては不安軽減等の利益をもたらす。保育者は子どものユニークなニーズと学びのスタイルを理解するためにより多くの時間を費やすことができ、より深い絆と信頼を育むことや、より正確なアセスメントを経て支援の手立てを検討することが可能となる。さらに、連続性は保護者とのより強い関係につながり、保護者が保育者とのコミュニケーションをより快適に行えるようになる。

このように、持ち上がり担任のメリットがある一方で、デメリットもある。同じ子どものユニークな発達課題に継続的に対応することは、保育者のバーンアウトにつながる可能性があり、留意を要する。また、時間が経つにつれて保育者は子どもの可能性を少なめに見積もるようになり、子どもが新しい分野を探求したり、挑戦したりする機会を制限する可能性もある。

一方、担任が交代すると、新しい担任は、従来の担任が子どもと親密であるがゆえに見落としていた発達課題や、伸ばせる可能性のある領域に気付くかもしれない。さすれば子どもは、毎年出会う新しい担任によってさまざまな指導方法や視点に触れる利点を得る可能性がある。

●「持ち上がり」と「担任交代」〜保育者の希望に対する園長のアプローチ〜

保育者の中には、持ち上がりを希望する人と担任交代を希望する人がいる。園長は保育者のスキルと経験を踏まえて、子どもたちや他の職員、および園のインクルージョン保育推進に与える影響を考慮して保育者と話し

合うことが必要である。その中で保育者が希望およびその理由を述べる機会を設定し、保育者の考えを理解することが重要である。またその話し合いは、「保育者の仕事のやりがい」を「子どもの最善の利益」につなげるという流れを前提に進めることが重要である。

　インクルージョン保育を進めるうえで、「E児のことは、F先生しか分からない」という状況は望ましくない。保育者はもとより、事務職を含むすべての園職員が要支援児の情報を共有することにより、F先生の不在時にもE児への適切な支援は可能となる。すべての園職員での情報共有と発達支援を実現するためには、次節で紹介する手法「保育KI」活動が適切である。

●新人保育者の人事配置における配慮
　インクルージョン保育を推進する園では、要支援児の在籍数が多いのが一般的である。幼児クラスを単独で担任する園では、着任早々、要支援児を含むクラス運営およびその保護者対応という重責を担うことになるが、それに耐える自信を持つ新人保育者は少ないのが近年の状況である。筆者の周囲でも複数担任を希望する新任保育者が多く、園長がその希望を尊重する事例が多くみられる。インクルージョン保育を推進するためには、複数担任制に加えて、ミスをしても咎められない職場風土づくりが重要である。新人保育者は小さなミスと試行錯誤を繰り返しつつ仕事の進め方を習得する。その習得過程で新任保育者が自ら気づき発した言葉を、先輩保育者の言葉と同様に尊重する職場風土があると、新任保育者はチャレンジをする動機づけを得て成長することができる。

　保育学生の中には、保育者同士が尊重し合い、助け合う職場風土を実習時に体感したことで安心感を得て、実習園に就職する人が多数みられる。その中には、実習園にて単独でクラス担任をすることに意欲を示す学生もいる。これらの事例に鑑みると、実習や保育ボランティア等で学生が園を訪問する時期から、園のリクルート活動は始まるといえよう。

　新任保育者に何を求めるかについては各園で差異があるものの、保育者として相応しい資質である「子どもの発達に関する知識」「子どもの感情や経験を理解し共感する力」「さまざまな状況やルーチンの変更に適応する柔軟性」は共通する。それらに加えて、新任保育者に「教育的で楽しい遊びの活動に子どもたちを巻き込むために必要な創造力」「保育環境で発生する問題を迅速かつ効果的に解決する能力（問題解決スキル）」の素地を求め

る園では、若手保育者が臆することなくチャレンジできる職場風土づくりが不可欠である。インクルージョン保育を推進する園づくりにおいては、園長が保育者に、着任当初から一人ひとりが得意分野を生かしてスキルアップする道筋を示したうえで人事配置や人材育成について話し合い、着任後の節目においては園長と保育者が対面で振り返りを行い、成長と今後の課題を確認することが望ましい。

　また、特に一年目（初任）保育者に関しては、クラス担任等に配属する場合でも、可能な限り配属以外のクラスで1日単位で業務に従事し、複数の保育者の保育実践について学習する機会を設けることが望ましい。一年目（初任）に学習する保育実践や方法は、保育者の保育観形成に大きな影響を与えるため、同じ配属クラスの保育者の実践や方法以外にも幅広く見識を広める機会を設けることで、インクルージョン保育を推進するための多様な実践や方法について学ぶ機会を意図的に設定するのである。

　このような活動が早期離職を防止し、インクルージョン保育実践者の育成につながると考えられる。

### ●事務職の人事配置における配慮

　保育職場には、保育以外の業務を担当する人々がいる。保育者以外の職種の中で、ここでは事務職の人事配置における配慮ポイントを挙げる。

　事務職員が自分の役割と責任を理解できるように、職務内容と期待される成果について、リクルートの段階から明確に伝えることが大切である。事務職員には、園の運営に必要な知識やスキルの習得が求められる。例えば、園のシステムや子どもの安全管理に関する知識、保護者とのコミュニケーションスキルがそれにあたる。これらの知識やスキルの素地を持つ人材を採用し、着任当初より定期的な研修を提供することが望ましい。

　さらに、定期的なミーティングや面談を通じて、事務職員とのコミュニケーションを保ち、フィードバックを提供することが望ましい。これにより、事務職員のモチベーションを高め、業務改善につなげることが期待できる。

　そして、職場の風通しを良くして、保育者とともに情報共有し学び合うポジティブな職場文化を育むことで、事務職員が働きやすい環境を作ることが重要である。そのための具体的な手法として、後述する保育ＫＩ活動に保育者と事務職員が参加し、業務を通じて各々の立場からの気づきを共

有する機会を持つことが最適である。これらのサポートを通じて、園長は事務職員が効率的かつ効果的に業務を遂行できるように支援し、園の全体的な運営を強化することができる。

## 第2節　ダイバーシティ・インクルージョン保育実践者の人材育成
### 1. 幼稚園の状況【熟練層の教諭が少ない私立幼稚園】

　文部科学省（2023）「学校基本調査報告書」[4] を基に、図4-1に幼稚園教諭の年齢構成を公立幼稚園と私立幼稚園に分けて示した。図4-1からは、私立幼稚園では30歳以上の熟練教諭が非常に少ないことが読み取れる。保育者の確保が難しい事情により各園がぎりぎりの教諭数で運営していることから、経験豊富な熟練教諭が、経験の浅い教諭を丁寧に指導・育成できる環境にはないことが伺える。

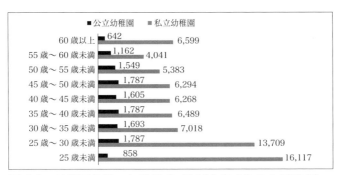

図4-1　幼稚園教諭の年齢構成（2022年10月1日時点）
（グラフ内の数字は人数）
文部科学省（2023）学校基本調査を基に著者作成

図4-2　保育士の職場経験年数（グラフ内の数字は人数）
文部科学省（2015）社会福祉施設等調査を基に著者作成

## 2．保育所の状況【ミドルリーダーが育ちづらい保育所】

　厚生労働省（2015）「社会福祉施設等調査」[5] を基に、図 4-2 に保育士の年齢構成を公立保育所と私立保育所に分けて示した。図 4-2 を見ると、私立保育所の保育士数は入職後 8 年～ 9 年で約半数に減少しており、公立保育所保育士と比較すると減少の速度が速い。これは、熟練保育士と若手保育士との間で生じるギャップを調整し、円滑な業務遂行を促す役割を担うミドルリーダーが育ちづらい状況であることを示唆する。

　以上で述べたように、熟練層の教諭が少ない私立幼稚園、およびミドルリーダーが育ちづらい保育所の現状がある。この状況の改善に向けては、若い保育者が成長するまでに離職し、次の保育者が就職するというサイクルを改善する必要がある。若い保育者が仕事に生きがいをもって従事できる環境があれば、早期離職を選択せずに済むのではないだろうか。そのために必要なことは、若い保育者が「この職場で働き続けたい」と感じられる組織の風土づくりである。次項では、ミドルリーダーが中心となって風通しの良い職場風土づくりを進める手法を紹介する。

## 3．ダイバーシティ・インクルージョン保育実践者の人材育成

　インクルージョン保育は、園全体で目標を共有し推進する必要がある。インクルージョン保育を実践する園づくりは、仮に職場に一人のエキスパートがいたとしても、単独で進めるのは困難である。インクルージョン保育の業務は一人の保育者が担うべきものではなく、チームの協働によって成立させるものである。それを実現するために、人材育成の一手法として筆者が開発した「保育ＫＩ活動」を保育職場に導入し、風通しの良い職場風土づくりを通じて職場力の強化を図ることが効果的であると考えられる。

## 4．保育ＫＩ活動

　保育ＫＩ（Knowledge Intensive Staff Innovation[6, 7]：知識集約型職員改革）は、保育所・幼稚園・認定こども園等で保育に従事する一人ひとりの保育者の意識を改革し、職場力[8] の強化を図る人材育成の手法である。「職場力」については、櫻井（2009）が「職場が本来発揮すべき力の総和であり、メンバー一人ひとりが持つ能力が開発されて最大限に発揮されるとともに、メンバー相互間の緊密な交流によって大きな相乗効果が生み出されるときに最大になるもの。そしてメンバーの成長と協働の発展によって不断

に進歩向上を続けるもの」と定義した。ＫＩ活動は、仕事の達成と個人の成長、およびチーム力の向上をねらいとした活動である。特に保育ＫＩ活動は、周囲の人々との活発な議論により若い人材が業務を通じて経験を積み、プロの人材として成長していくこと、また個人商店的になりがちな職場環境において、チームとして仕事を進めていくための一手法である。

　保育ＫＩ活動では、メンバー全員で「職場の現状」および「望ましい状況」を共有したうえで、段階を経て両者のギャップを少なくする策を検討していく。目の前の「問題」から「手段」へと一足飛びに解決を図ろうとする思考法を改善し、「問題」と「手段」の間に要因把握の段階を設けて、真の要因を把握しながら仕事を進めていくことを推奨している（図 4-4）。このように「なぜだろう」の視点をもって問題の背景を複数の方向からばらしていくことが大切である。そのことにより、保育課題ばらし（Step3）をスムーズに進めることが可能となる。

　保育ＫＩでは、円滑な保育を阻害している要因を視える化し、その阻害要因を排除する。その結果をふまえて、次のサイクルに進む。本稿では紙面の都合から、図 4-4 の Step1 ～ Step6 を簡単に説明する。

　**Step1** では保育ＫＩ活動の基本原則である「全員参加」「全員平等」「全員発言」の各ルールを全員が順守し、職位や経験年数等による発言力の差がない状態で、各自が自由かつ積極的に発言し、また他の参加者の発言を十分

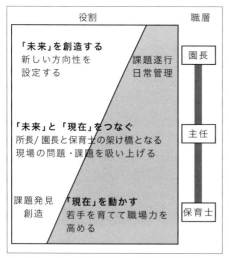

図 4-3　保育ＫＩ活動の職層別役割

図 4-4　保育ＫＩの Step 1 ～ 6

に尊重して聴くことについて全員の理解を得る。保育ＫＩ活動において参加者が必ず守らなければならない数少ないルールに、「他者の意見を批判しないこと」がある。他の人の意見をよく聴き、建設的な議論ができるように参加者の心構えについて十分に理解を得ておくことがポイントである。

　Step2 では現在の職場の状況を共有するために、全員参加で現場の状況をまとめる。まとめ方にはさまざまな方法があるが、参加者の視点が異なることで感じている職場の状況が異なることから、必ず全員の目線で状況を整理する。整理方法は、メンバー全員が意見を出しやすいことから始めるとよい。話し合いのテーマをこれから決める場合には、各メンバーが付箋に書き出した職場の現状を模造紙に貼り付けていくと簡便である。その模造紙上には、「職場のコミュニケーション」「職場のルール」「保護者対応」「教材・教具」「子どもの理解と発達支援」「その他」等の大まかな分野を設定しておくと、各自の困りごとの吐き出しが円滑に進む。この段階では、職場全体の課題を偏りなく記述する。このような作業を通じて、本音で話し合う職場風土を醸成する。

　Step3 で保育課題ばらしを行ない、職場の課題を共有する。保育ＫＩ活動では保育内容はもとより、保育業務に関するあらゆる問題をテーマとして課題ばらしをする。例えば、要支援児の保育をテーマとした場合には、日常の保育中での園児との関わりを通じた気づきの中から、課題である「子どもの困り感」を見つけ出す。見つけた課題を「保育課題ばらし」の手法を用いて整理する。保育課題ばらしとは、職場の「現状」と「望ましい状況」との間にあるギャップを課題として細かく分解（ばらす）し、関係者間で共有するために視える化していく工程である。ばらした課題の中から合理的配慮が必要な課題を選択する。この課題解決の必要性の整理と選択は、課題の「重要性」「出現頻度」「回復困難性」を考慮した優先順位をもとに行う。

　Step4 で課題解決方法とプロセスの検討をする。例えば「要支援児の保育」をテーマとした場合、Step3 で選択した「解決を優先すべき課題」について、困っている子の現状と望ましい状況とのギャップを抽出し、望ましい姿に到達するまでの道筋を検討する。

　Step5 では、Step4 で抽出された「解決を優先すべき課題」について、目標を設定し、メンバー全員で共有する。続いて、望ましい姿に到達するまでの段階をつくる。そして、担任や支援を行うその他の保育者間でどのような役割分担をするのか、あらかじめ相談して決めておく。その際、特に

担任の目が届きにくい場面での支援役の保育者の気づきは、子どもに寄り添う支援の計画立案に非常に重要な情報源となることから、関係者間で把握できている子どもの困り感や観察の視点等について十分に情報共有しておくことが必要である。また、それぞれの気づきは気づきの無かった保育者も含めてすべての保育者間で共有することにより、新しい気づきや合理的配慮につながることが期待されるため、定期的な共有の場を設けることは必須である。複数の関係者がいれば、当然ながら気づきの内容やレベルにも差が出る。この異なる気づきを共有することで新たな気づきが生まれ、またそのプロセスを通じて保育者も育つことができる。

　Step6では活動の評価を節目において行ない、活動を総括したうえで次の行動計画に反映させる。保育ＫＩ活動ではこれを「活動の振り返り」と呼ぶ。活動の振り返りでは、「計画通りに行動ができたか」「ギャップが生じたのであれば、原因は何か」「その原因を引き起こした真因は何か」「どのように行動できれば、それは回避できたのか」等について、関係者がそれぞれの立場で活動の経緯を振り返り、次回の活動の参考にする。この概念化のプロセスを経ることで、暗黙的に認識されていた活動中の気づきを関係者が共有できる知見にすることができる。このプロセスこそが最も重要なOJTであり、保育ＫＩ活動における保育者の人材育成の要の部分である。また、この知見を適切なメディアに保存し、参照可能な状態にしておくことで、形式知としての再利用が可能となる。

## 5．保育ＫＩ活動で取り扱うテーマ

　保育ＫＩ活動は、活動のリーダーであるファシリテーターが、５名程度のチームメンバーから活発な意見を引き出していく形態で進行する。各職場で生じている、保育業務に関するさまざまな問題をテーマとして話し合い、各メンバーがお互いの意見から気づきを得ることにより、今後の仕事の進め方をメンバー全員で組み立てていくものである。保育ＫＩ活動は、業務目標の達成、人材育成、チーム力強化を同時に達成しようとするものである。

　次に、筆者が現任研修で取り上げた保育ＫＩ活動のテーマ、および巡回訪問時に各園で取り上げられていたテーマを幾つか例示する。
　● 保育のリスクマネジメント
　　「わが園の訓練のあり方」

　　「保育中の事故を防ぐ環境構成」
　　「怪我に対する対応の仕方」
● 働きやすい職場づくり
　　「風通しの良い職場風土をつくる」
　　「全職員が平等に休憩をとる」
　　「担当学年を越えた協力体制のあり方」
　　「円滑なミーティングの進め方」
● 個別の子どもの捉え方と発達支援
　　「Ｅちゃんの偏食への対応」
　　「Ｆちゃんの攻撃的な行動への指導法」
　　「子どもの発達に沿った運動会の競技種目」
　　「すべての子どもが楽しめる行事づくり」
● 保護者への対応
　　「心配症の保護者Ｇさんの心情をふまえた関わり」
● 保育の環境構成の見直し
　　「保育のねらいに即した教材・教具」

## 6．保育ＫＩ活動を通じてリーダーが育成される

　保育ＫＩには、「全員参加」「全員発言」「他者の意見の尊重」等、保育者としての経験の差や職位等を気にせず、それぞれのプロジェクトメンバーが対等に意見を交わすことが基本原則である。この基本原則を活動リーダーがメンバーに周知する。さらに、活動リーダーは必要に応じてチーム活動前にこの基本原則を参加者全員に確認する。

　活動中には、活動リーダーは活動に注意を払い、基本原則から逸れたメンバーの行動を修正し、建設的な話し合いが継続できるように働きかける。具体的には、上位者や年長者等が、メンバーの発言を否定せずに聞くように促したり、発言の少ないメンバーに発言の機会を振り向けたりする等の進行管理を行う。

　活動リーダーは、開始当初は主任保育者が担当すると円滑に進む。活動の進行役（ファシリテーター）も、当初は主任や副主任、専門リーダーが担当するとよい。そして、メンバーに保育ＫＩの意義が浸透した頃に、職務分野別リーダーやその他のメンバーがファシリテーター役を担えるようになることが望ましい流れである。

## 7．若手がチャレンジできる体制づくり

　保育ＫＩ活動を継続し、風通しの良い職場風土を作っている組織では初任者にも他の職員と平等にチャレンジを促すことから、初任者の離職は稀である。保育ＫＩ活動では、新しい提案やチャレンジしたいことをメンバー全員で共有し納得したうえで進めていくため、仮に思わしくない結果が生じても、個人の責任が問われて非難されることはない。その体制が保障されれば、初任者や若手保育者にチャレンジする勇気が生じる。

## 8．保育ＫＩの導入・継続とダイバーシティ・インクルージョン保育の推進

　保育ＫＩ活動の中心は、保育職場である。園長・施設長が職場組織の長として保育ＫＩ活動の意義を深く理解し、園内での定期的な活動を許可・支援することが活動の前提となる。そのうえで、園長・施設長に求められるのは、保育ＫＩ活動を見守る等、園内でのＫＩ活動の継続を側面から支援することである。

　活動の定着には、園長・施設長の継続的な支援が不可欠である。この園長・施設長に期待する支援として、以下の三項目を挙げる。
① 保育ＫＩ活動を、見守ること。
② 活動を通して上がってきた建設的な提案を積極的に取り入れ、実現に向けて検討すること。
③ メンバーの要請により活動に参加して議論を行うときには上下の職階を外すこと。

　保育ＫＩの導入・継続に関しては、高尾（2019；2022）の論述も参考となる。本書と併せて、保育ＫＩを通じて若手がチャレンジできる体制づくりが各施設で進められれば幸いである。

（高尾　淳子）

注
1　文部科学省（2022）「通常の学級に在籍する特別な教育的支援を必要とする児童生徒に関する調査結果について」2022年12月13日．
2　厚生労働省（2016）「平成28年度当初予算案及び平成27年度補正予算における公定価格の充実について」．
3　厚生労働省（2023）「令和5年度予算案（こども家庭庁）・税制改正（子ども家庭局）について」2023年3月14日．

4　文部科学省（2023）「学校基本調査報告書」.

5　厚生労働省（2015）「社会福祉施設等調査」.

6　高尾淳子（2019）『インクルーシブ保育実践者の人材育成―職場を活性化し学び合いの風土をつくる保育ＫＩ―』三学出版.

7　高尾淳子（2022）『しなやかで強い保育チームづくり―保育ＫＩ活動ハンドブック―』三学出版.

8　櫻井俊邦（2009）「いま問われる職場力」リクルートマネジメントソリューションズ.

# 第5章　園内委員会・ケース会議

本章では、2018年春施行の改定保育所保育指針、改訂幼保連携型認定こども園教育・保育要領、幼稚園教育要領を各保育現場が受け止めて、求められる保育実践を探りながら保育の質を高める工夫をしている現状に触れながら、多様なニーズに対応する保育のために園内の支援体制を整備する方法について述べる。

## 第1節　子どもを取り巻く環境
### 1．保育現場の現状

現行の保育所保育指針には、保育や幼児教育にかかる事項のほか、子育て支援を強化する内容が記載されている。保育の現場を見渡すと、発達に遅れや気になる要素を抱えている子、アレルギー対応を要する子、虐待にあっている子、家庭内が不安定な子等多様な支援を必要とする子どもが多い。また、愛着を形成する時期でありながらも仕事や生活に追われて愛着がうまく形成できなかったり、今子育てに何が必要なのかに気づけなかったりする家庭も少なくない。このような状況に対し、日々接している保育者集団が子育てを具体的に支援していく必要がある。したがって、地域における一番近くにある相談センターとしての役割を持っていることを意識し、園全体で子どもの人権を守り、子どもの側に立った保育を目指して工夫したい。保育所等は、困りごとを抱えた子どもの身近にあり行政関係者との繋がりも深いため、相談援助がしやすい立場でコーディネーターとしての役割が果たせるはずである。また、身近に子どもを受け入れ確実に関わるためには、保育士等の発達援助技術、子どもへの生活援助技術、保育環境を構成する技術、多様化する子どもに対応する技術等保育者の専門性に基づき、子どもや保護者を支える助言や情報提供をすることが求められているのである。2023年4月に、子ども家庭庁の創設と同時に子ども基本法が施行され、次の6つの基本理念が示された。

基本法理念
① 全ての子どもについて、個人として尊重されること・基本的人権が保障されること・差別的扱いを受けることがないようにすること
② 全ての子どもについて、適切に養育されること・生活を保障されるこ

と・愛され保護されること等の福祉に係る権利が等しく保障されるとともに、教育基本法の精神にのっとり教育を受ける機会が等しく与えられること
③ 全ての子どもについて、年齢及び発達の程度に応じ、自己に直接関係するすべての事項に対して意見を表明する機会・多様な社会的活動に参画する機会が確保されること
④ 全ての子どもについて、年齢及び発達の程度に応じ、意見の尊重、最善の利益が優先して考慮されること
⑤ 子どもの養育は家庭を基本として行われ、父母その他の保護者が第一義的責任を有するとの認識の下、十分な養育の支援・家庭での養育が困難な子どもの養育環境確保
⑥ 家庭や子育てに夢を持ち、子育てに伴う喜びを実感できる社会環境の整備
（2023年4月1日施行こども基本法第3条（基本理念）※一部抜粋）

　上記を受けて保育の現場は、ますます多様性を受け止めた保育の工夫が必要とされている。子ども理解を十分行ってその個性にしっかり向き合いさまざまなニーズに対応できるような合理的配慮を取り入れた保育こそがダイバーシティ（多様性）・インクルージョン（互いを受容）保育であり、子どもと保護者を園全体で支えることが望まれているのである。

## 2. 多様化と家族支援
　今日、日本社会では貧困、DV、虐待等福祉の専門性を必要とする問題が増えている。保育現場でも乳幼児期の子どもと保護者に対する福祉の機能を十分活用した対応が重視されるようになってきている。一例として、現在の幼児教育の現場では、発達障害の概念が多様化するのに伴い、必要とされる支援もまた多様化している。
　障害児概念とその支援の在り方は、発達障害者支援法の制定以降変わってきたといえる。支援法に規定されている子どもの中には、自己の特徴を多様性の現れと理解して適切な支援を受けながら育つことで、こだわりはあるものの社会に適応して生活していける子も多い。そのためには、支援ニーズを共有する家族や支援者の存在が必要不可欠となる。障害の多様性と個別性から診断に至るまでにかなりの時間を要する場合もあるが保健・福祉・教育における支援窓口は以前と比べるとかなり利用しやすくなり、

早期に発見しその後の支援に結びつけやすくなってきている。子どもの状態にいち早く気付くのは家族であり、受け皿は乳児健診の医師や保健師、保育所や幼稚園等の保育者である。親の特性や生活状況を考慮した慎重な対応を要するが、早期支援を実現しアフターケアとして親を支える丁寧な関りが必要である。

　今日の保育の現場には、ひとり親家庭、ステップファミリー、国際結婚等多様な家庭で暮らす子どもたちがいる。したがって、保育者は福祉機能を身に付けることも要求されるようになってきている。保育者に福祉的な視点や知識があれば、多面的に子育てを支援できることは言うまでもない。保育士は、児童福祉施設で働く専門職でもあるからなおさらである。

　福祉専門職は、心身に障害のある家族や精神疾患がある家族、離婚や困難を抱える家庭への支援も職務であることを意識して欲しい。保育所等は、福祉ニーズの高い保護者と子どもが優先的に利用する場であることが考えられる。乳幼児期の子育て時期は、生活に追われ保護者にゆとりのない時期でもあり、子どもも不安定になりがちである。保育者には、子どもの保育はもちろんのこと家族を支援する力が要求されるのである。

## 3．求められる保育者の専門性

　子どもが自己イメージを身に付けて育つには、そばに寄り添う大人の関りがとても必要だと言われている。乳児は自己がどのような存在なのかという自己イメージをまだ持っていない。周囲の大人が子どもに対して温かく応答的に接することで、自分は愛されているのだと子どもは感じる。反対に、無視されたり、冷たくされたり、否定的な言葉を浴びせられたりすると、子どもは愛されていないと感じる。保育者が「ダメ」、「危ない」、「やってはいけない」、「こうしなさい」等のように行動を否定したり、命令したりするばかりでは無力感を味わい、自発性や意欲が育ちにくいと言われている。

　乳幼児期は子どもの人格の土台を作るときなので、寄り添う大人が日々温かく応答的に関わると自己肯定感や有能感、自信が育つことが明らかにされている。また、子どもの脳が形成される時期に愛情が伝わる対応を十分され、心温まる言葉をシャワーのように浴びることで脳機能の発達が促され、人生全体を豊かにする影響は大きいことが考えられる。今までの保育では、身体機能が育つこと、その中でも手指を発達させることや足裏への刺激が良好な脳を作ると言われ、保育内容や保育者の関わりのポイント

とされていた。近年では、人との関わりが子どもの育ちに大きな影響を与えていることも重要視されてきている。また、社会情動的スキルを高める保育の工夫をしている保育現場は多い。これは、入所している子どもの姿を観察するとさまざまな形で発達が気になることを考慮したものである。また、保育形態についても自主活動を中心とした日課を形成し、子ども一人ひとりを大切に受け入れつつ必要に応じて一斉活動を取り入れていく等の工夫が見られる。

　保育・教育の体験から「子どもの何をどのように育てるのか」や、それぞれの子どもの個性を大切にしながら「どのような保育をするのか」等の方向性を明確にし、多様な保育現場の課題を解決するためには、保育者の専門性が求められるのである。

## 第 2 節　園内委員会

### 1．園内委員会の必要性

　保育現場では、家族の抱える問題に直面することもあり、相談支援を行うケースも少なくない。保育所だけでケースを抱え込まず適切な専門機関と連携し、専門職につないでいくことが大切である。そして、保護者からの相談の有無にかかわらず、保育者が家庭の問題に気づいたときには、園内で委員会を立ち上げ、ケース会議を行い心配や不安について十分審議し、整理しておく必要がある。

　ケース会議について文部科学省の 2016 年「SSW ガイドライン（素案）」によると、「事例検討会議」や「ケースカンファレンス」ともいわれ、解決すべき問題や課題のある事例（事象）を個別に深く検討することによってその状況の理解を深め対策を考える方法であると定義している。園内委員会やケース会議の意義は、担任だけが問題を抱えるのではなく、園全体でどのような支援ができるのか保育者全員の合意形成を図ることで園内支援体制ができることである。また、保護者支援を意識することで、子ども理解をよりいっそう深めることもでき、これをもとに園内での支援方法や方向性について保護者と保育者の共通理解ができる。さらに、早期に園外の専門家（医療・福祉・地域）のアドバイスも積極的に取り入れることで、園内での対応と同時に関係機関と情報共有を行っていくことが、問題や課題の深刻化を防ぐために重要となる。また、地域資源を把握しさまざまな職種の専門性や役割を理解し、多様な問題を解決することにも役立つ。園内

委員会では、さまざまな立場からの考えを参考にしながら園としての対応の方向性が見出せるのである。

### 2. 組織の一員としての共通理解

　園内委員会メンバーは、園組織の一員として子どもの保育に関わる保育者である。同じクラスを運営する保育者や他のクラスを担当する保育者等をさす。園内委員会は、メンバー同士が子どもに関わるさまざまなケースにおいて、どのような機関との連携が必要であるのかを共通理解する必要がある。ここでは、ケースによって役割が異なる関係専門機関を確認する。

　以下に、かかわる専門機関はケースによって異なるが、例えばＡ園において児童虐待事例が発覚したときに行政（役所）が招集したサポートチーム会議に参加した専門機関について、園内委員会において確認した内容を記す。

〈事例１〉児童虐待事例に関わったサポートチーム機関について

　サポートチームには、図 5-1 に示す 7 機関が招集されＡ児に関する事実確認や今後の支援検討が行われた。保育者は園内委員会を通して、一人の子どもをサポートする機関が多様に存在していることを理解できた。

① 保育所は、虐待当事者が入所している保育の場である。
② 行政（役所）は、Ａ児が入所していた保育所を管轄する役所である。
③ 児童相談所は、すべての子どもが身心ともに健やかに育ち、その持てる力を最大限に発揮できるように家族等を支援し、ともに考え、問題を解決していく専門の相談機関である。
④ 保健センターは、地域住民に対し、総合的な保健サービスを提供する施設である。
⑤ 乳児院は「乳児の養育」に加えて、目まぐるしく変わる社会情勢や家族形態・価値観・多様性・地域性等に合わせて、「家族への養育支援」「病虚弱児や障害児の養育にともなう医療機関との連携」「被虐待児の保護とケア」「里親とのパートナーシップ形

図 5-1　Ａ児を取り巻くサポートチーム機関

成」「地域の子育て支援」「一時保護機能の充実」「入所から退所後までの
サポート」等、子どもたちだけでなくその家族が地域で幸せに過ごして
いくための支援を担う施設である。

⑥ 訪問看護ステーションは、利用者の主治医の所属機関を問わず、訪問看
護指示書の交付によってサービスを提供する地域に開かれた独立した事
業所である。

⑦ 地区医療センターは、対象児の医療的ケアに対する内容の指示等に携
わっている場である。児童発達センターも設置され児童発達支援事業の
機能を備え、地域支援として保育所等訪問支援や障害児相談支援等を実
施したり、医療機関との連携もしている。

〈事例2〉障害のある子どもの相談支援について
　ここでは、サービス担当者会議を開催する関係機関の連携について園内
委員会で取りあげ一人の子どもに対してのサポート体制や連携についての
理解を深めた事例を記す。サービス担当者会議では、発達支援内容を話し
合ったり、対応の確認をしたり、より当事者が安心・安全に過ごせる方法
を確認したりする。そのために①障害児相談支援員、②児童発達支援管理
責任者、③保育所等の関係者、④保健センターの支援員、⑤保護者、⑥医
者、⑦療育センター職員等に参加を促し、子どもの成長・発達の側面だけ
に偏ることなく、生きる権利、育つ権利、守られる権利、参加する権利の
4つの柱を基盤に置き充実したサービスの利用計画を作成する。またそれ
ぞれの立場から意見を述べ、医療・保健・教育等包括的な視点に立ってサー
ビスを提供している。いずれも一人の子どもとして、大切に育ちを保障す
るものでなくてはならない。園内委員会では以下のような内容を学び各機
関の仕事内容を理解した。

〈サービス担当者会議参加者の仕事内容〉
① 相談支援専門員は、障害のある人（子ども）と障害福祉サービスを繋ぎ
生活を支える。障害ある人（子ども）が福祉サービスをうまく利用でき
るようにサポートする職種である。

② 児童発達支援管理責任者は、障害児の保育や療育に関する専門職種の1
つで、児童福祉法に規定されるさまざまな障害児施設で働いている。障
害児発達支援施設には1名以上の配置が義務づけられている。利用す

る児童や家族への支援はもちろん、児童指導員や保育士等の現場職員への指導や助言も行うリーダー的な立場で、ベテラン職員が資格を取得しその役割を担うケースが多い。利用する児童の成長に合わせた個別支援計画を作成することと、自身が作成した個別支援計画に基づいた支援や療育が組織的にしっかりと行われているかどうか管理することがメインの仕事内容である。

③ 保育所等の関係者は、保育現場でのクラス担任、日々そばに寄り添う支援員、園長、主任、他のクラスの保育者で、対象児に対する直接的・間接的な保育を担当する者である。

④ 医者は、主に小児科の医師か療育専門医で体の健康・発育や心の発達等に関する医療に携わっている。

⑤ 療育センター職員は、医療的ケアの内容の指示等に携わった仕事をしている。児童発達支援事業や地域支援事業を担当し、保育所等訪問支援や障害児相談支援等を実施したり、医療機関と連携しながら仕事をしている。

　事例１と事例２にみられるように、これらの園外の専門機関と連携しながら、そのとき必要な専門家と関わり子どもをサポートをしていく方法を各保育者が理解し、園での対応方法を考えていく。

## 3．子どもに対応するために必要な保育者の専門性

　園内委員会では、担任が会議時点での子どもの姿について報告する。支援を要する子については、それまでの気になった点をあげ、担任がどのように関わったか、その支援後の状況について担任が説明する。参加者の意見を交換し合い今後の対応について方針を決定していく。これらの記録をとり、継続的に効果測定と分析を行い、今後の支援を工夫する。また、共通理解を深めるための学び合いを行う。内容は、参加者の知りたいことや気になることや基本知識の確認であったり、保育の方法や内容であったり、合理的配慮の内容であったりする。

　合理的配慮の必要な子どもには、さまざまな感覚や機能、障害特性による苦手さがあることを理解しておく必要がある。感覚には、視覚、聴覚、前庭覚、味覚、臭覚、皮膚感覚、深部感覚、感覚処理パターン等の多様さがある。その子の持つ感覚により、苦手さが生じたり、不安定になったり、その場に居られなくなったり、パニックを起こすことがある。その子の特

性を理解して苦手要因を取り除いたり、受ける刺激を減らしたりして心地よく過ごせるようにすることが合理的配慮である。保育者には、子どもの特性に応じた合理的配慮を行うこと等を通じて「共生社会」を目指し、その子らしさを認め合いながら生きていけるようにしていくことが求められる。園内委員会の場において、さまざまな環境を整えていくことも保育者の専門性である。

## 第3節　ケース会議

### 1．児童発達支援を受けながら保育所に来ている子の記録の方法

　日本相談支援専門員協会の見解を以下に述べる。
① プロフィールを記録する
　　　　　氏名、性別、年齢、障害等の記録、生育歴、病歴
② 初回面接時の印象や感想
③ アセスメント（基本情報と課題分析）
④ 相談支援専門員の判断（見立て、支援の方向性）
⑤ 情報の整理と追加情報が必要な根拠（ニーズ整理）
⑥ ニーズの絞り込み・焦点化
⑦ 障害児支援利用計画・週間計画表
⑧ 個別支援会議の内容
⑨ 個別支援計画
⑩ モニタリングの視点（本人と環境の変化に留意して）
⑪ まとめ
⑫ 地域づくりのポイント

　事例について上記の項目を参照し、園内で検討を行うことでケース会議をスムーズに進められる。各項目を整理することで対応の共通理解がしやすくなる。

### 2．子どもの困りごとに対応する工夫について取り上げ園内でケース会議を開催する

　子どもの問題行動は、その子の特性がうまく理解されずに適切な対応が受けられない状況において表面化するのだと考えられる。かんしゃくを起こす、ほかの子をたたく・ける、勝手に外へ行く、行事参加をいやがる、

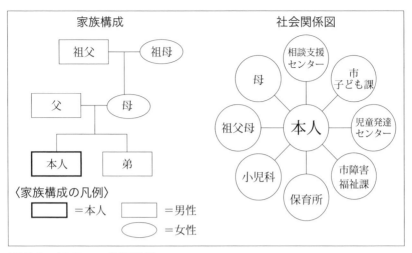

図 5-2 プロフィール記載例

ほかの子と遊べない、偏食が強い、音に敏感、登園をしぶる、おしゃべり
が止まらない、勝ちにこだわる、遊びのルールが守れない、興奮しやすい、
遊びを切り上げられない等は保育者が対応に悩む子どもの姿である。以下
に園内で行えるケース会議について考える。

（１）職員シフトについて
　各園において会議の持ち方や時間は様々である。その園の状況に合わせ
た職員シフトを組んでケース会議を開催することになる。
　〈方法１〉行事や保育内容等の定期的な打ち合わせ時に、各クラスの子
どもの姿で担任が対応に悩んでいる状況を出し合う。その会議に参加して
いる保育者の意見を聞くことから、対応のヒントを得る方法。この場合は、
クラス全員が対象児となる。
　〈方法２〉定例でケース会議を設定する方法。この場合、参加保育者も固
定し、療育機関にかかっている子どもを対象児とする。定期的に関係諸機関
とともに会議を行い、園内での対応についての意見をもらい保育にいかす。

（２）管理方法について（どのような方法だと参加者が会議に参加しやすい
　　　勤務シフトを組めるのか）
　〈方法１〉週に１回程度会議の日を決めて、保育展開について必要事項

の打ち合わせをする会議内で、対応に困った事例をあげて参加者に意見を求める。会議に参加する保育者を交代で決定しておく。会議内容を記録し全職員に確認してもらう。クラス担任同士で報告し合う。

　〈方法２〉ケース会議参加保育者を限定した場合は、会議を事前に計画しておく。予定の日に会議を開催し、決まった保育者が参加する。会議記録を作成し他の職員に報告する。記録は継続して個別記録として保管しておく。

## （３）会議設定の方法（関係諸機関との合同会議を効果的にするための年間計画の策定）

　園内での会議は設定しやすいが、園外の関係諸機関との連携は計画的に行わないと実現しにくい。その園の保育の流れを考慮し、関係機関に相談しながら連携していくために、定期的に園訪問の予定を組んでもらい観察の機会を作ることで互いの対応へのヒントを得ることができる。２～３カ月ごとに観察・助言指導を組み込みながら、園内委員会でその内容を確認し合い今後の保育に反映させていくことを継続して繰り返す。１年～半年に一度程度、医療・保健・教育等包括的な視点で地域における交流ができる場の設定をし、違う目線で専門的な意見を取り込む事が必要である。「障害児」というレッテルを張ることではなく、対象児の行動を客観的に理解する手がかりを得ることに繋がるのである。その結果、その子に合った対応や関わりの方法や内容をその子の特性から見出せると考える。医師や心理士、言語聴覚士等の専門家に指導を受けることによって、子どもに適した適切な支援を受けられるようになることもある。その子の特性を考慮した支援を行うことは、その子が本来持っている力を引き出し、自分らしさを発揮できる生活や遊びを楽しめる一要因になるのである。

## （４）記録と活用方法（まとめ方、活用事例）

　上記１と２で挙げたケース会議の〈方法１〉〈方法２〉での記録や活用法について考える。

　方法１の場合図5-3～5-4のような記録紙を会議に参加している保育者が提出し、そのケース内容について参加者それぞれの意見を聞き記録する。参考となる意見を保育に取り入れて実践してみる。その後の会議で実践の報告を行い、参加者に伝えながら意見を聞き記録する。方法１のケース会

議では、（問題提起）➡（実践）➡（実践報告）➡（実践の評価・反省）これを
繰り返し検討する。

| 生活や遊びの姿（対応に困った内容） | 保育者の対応（自分がしたこと） |
|---|---|
|  |  |

図 5-3　〈記録紙〉問題提起

| 参加者の意見 | 実践内容（場面と試みた対応）報告 |
|---|---|
|  |  |

図 5-4　実践報告

　方法 2 の場合は、代表が定例会議を形成しているので図 5-5 のような記
録紙を作成し、クラス内での支援内容と方法報告を受けて園内委員会メン
バーが対応の検討を繰り返し行う。

| 氏名 |  | （生年月日） | （会議開催日） |
|---|---|---|---|
| 支援目標 |  | 解決すべき課題（気になるできごと） |  |
|  |  | ・<br>・<br>・ |  |
| 項目 | 解決すべき課題 | 支援内容と方法 | 子どもの姿（変わった点） |
| 生活や遊び | （気になる姿）<br>・<br>・<br>・ | （関わり方とアプローチ）<br>・<br>・<br>・ | （改善点・変化の様子）<br>・<br>・<br>・ |

図 5-5　定例会議記録紙

　ケース会議では具体的な子どもの姿をあげ、保育者同士が自己の考えを
気楽に言い合える雰囲気を醸し出して、互いの意見を受け止めながら対応
策を考えられるようにする。子どもの立場を理解した意見交換ができ、明
日からの保育実践に役立てられる会議となるようにしたい。保育は、子ど
もが主体的に自己決定、自己実現することを援助する過程である。適切な

援助を実現するために子ども理解は絶対に欠かせない。園内の多くの保育者の目で多様な子どもたちと保護者の求めているものを探り、支援にいかすことが必要である。ケース会議を通して得たコミュニケーション力やニーズを探る洞察力、課題解決に向けて行動する技術力を身につけることが保育者には今後さらに望まれるのである。

（平野　仁美）

引用・参考文献
・川村隆彦（2012）『支援者が成長するための 50 の原則』中央法規.
・内山登紀夫（2012）『①こんなときどうする？発達障害のある子への支援幼稚園・保育園』ミネルヴァ書房.
・藤本保（2014）『うまくできないことや発達のつまずきが「障がい」にならないために〜療育や生活支援の意味〜』エイデル研究所.
・『発達通巻第 137 号』（2014）ミネルヴァ書房.
・一般社団法人全国児童発達支援協議会（2017）『障害のある子を支える児童発達支援等実践事例集』中央法規.
・『発達通巻第 149 号』（2017）ミネルヴァ書房.
・日本発達障害連盟編（2018）『発達障害白書』明石書店.
・小野隆行（2019）『特別支援教育重要用語の基礎知識』学芸みらい社.
・日本相談支援専門員協会（2019）『障害のある子の支援計画作成事例集 発達を支える障害児支援利用計画と個別支援計画』中央法規.
・（公社）大谷保育協会編（2020）『ほいくしんり Vol.13』エイデル研究所.
・埼玉県相談支援専門員協会（2021）『支援の質を高める相談支援専門員のための実践事例集』中央法規.
・岡田智・愛下啓恵・安田悟（2021）『社会性・情緒・セルフコントロールを育む！幼児と小学校低学年のソーシャルスキル就学前・就学後のアセスメントと活動アイデア』明治図書.
・鴨下賢一（2021）『教師が活用できる親も知っておきたい発達が気になる子の学校生活における合理的配慮』中央法規.
・小川英彦・田中謙（2022）『ダイバーシティ・インクルージョン保育』三学出版.

# 第6章　研修（講演）・園内研究

## 第1節　研修および園内研究の意義

　ダイバーシティ・インクルージョン保育を幼児教育施設として進めていくためには、研修（講演）・園内研究の充実が重要な経営課題となる。なぜなら、ダイバーシティ・インクルージョン保育は保育者の専門性に裏付けられた実践が求められるため、保育士の専門性向上が不可欠となるのである。また、ダイバーシティ・インクルージョン保育には「このような実践に取り組めばよい」といった「唯一解」は存在せず、「今日は○○の予定だったけど、△△に子どもたちの興味や関心が向いているから変更しよう」といった子ども理解に基づき即時的・即興的に活動を柔軟に変更する「最適解（妥当解）」が求められることが少なくない。そのため、「教育課程」「全体的な計画」「教育及び保育の内容並びに子育ての支援等に関する全体的な計画」に基づく保育実践を進める中でも、子ども一人ひとりの興味や関心に応じて必要な刺激が得られるような応答的な保育実践が行えるように、常に保育実践をリデザインできる体制を整えることが組織として求められる。

　この体制整備を施設経営として推し進めていくためには、保育者の専門性の向上を図りながら、応答的な保育実践が行えるような組織づくりを行えるように、研修（講演）・園内研究に取り組むことが望ましいと考えられる。幼児教育・保育領域における研修は、他別すると施設あるいは法人内で行われる園内研修と、大学等専門機関や行政・幼児教育センター、あるいは全日本私立幼稚園連合会、全国保育協議会、全国認定こども園連絡協議会、日本保育学会等により開催される園外研修とがある。また、園内研修の中でも、特に園内研究は施設あるいは法人内で特定の研究課題（主題）と研究内容・方法を設定し、実践と省察を通して実践課題の解決や保育実践の質の向上を図る営みを指す。

　園外研修は、最新の行政動向や他の幼児教育施設での実践から多くのアイディア等知識資源を自施設に移転させることが可能となり、各保育者の興味や関心に沿った学びの機会を創出するうえでも利便性が高い。園内研修は、自施設で興味や関心の高いテーマを設定することで職員間で共通の学びの機会を創出できるため、職員間での協働性を高める役割も期待される。また園内研修は短時間でも実施可能というメリットを有する。園内研究は特定の研究課題（主題）について1〜3年程度の比較的長期間にわた

る実践内容や方法のあり方を探求することができるため、各施設で特色の
ある保育実践を行ううえでは必須の経営手法といえる。このように園内外
での研修、さらに園内研究はそれぞれに職員の学びの機会を創出できる経
営手法であることから、これらを組み合わせて施設経営に取り組むことで、
その長所を活かしながら、ダイバーシティ・インクルージョン保育を推し
進めていくことが望ましいといえる。

## 第2節　OODA ループ

### 1．OODA ループの特徴

　ダイバーシティ・インクルージョン保育を進めていくための研修および
園内研究の充実を図るうえでは、OODA ループを創り出すことが望ましい
と考える。組織経営における意思決定に係る戦略理論としては、PDCA サ
イクルがよく知られている。PDCA サイクルは Plan（計画）→ Do（実行）
→ Check（評価）→ Action（改善）のサイクルにより、計画に基づく継続的
な改善に適した意思決定を行ううえで効果的であるとされるが、計画策定
に係る時間が必要となる等即時対応に対する課題が指摘される。それに対
して、OODA ループは変化が速く、大きい状況下においても、即時的・機
動的に環境・状況に適応しやすく、短時間で行動を起こす際に適した理論
であるとされている。また、OODA ループは、組織構成員一人ひとりが自
律的に思考し、行動するのに適した理論であるため、個々の保育者が保育
方法、支援方法を試行しながら実践に臨む際に有効な意思決定を行うのに
も適している。

### 2．OODA ループのプロセス

　OODA ループのプロセスは、次のとおりであり、それを図示したものが、
図 6-1 となる。

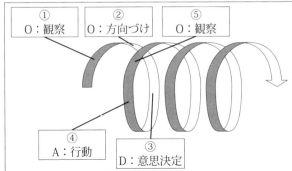

図 6-1　OODA ループ

O：Observe（観察）

　Observe（観察）は組織や個人がおかれている環境や状況を客観的に観察することで、環境や現状に関する情報を、先入観なしにできる限り正確に把握しようとするプロセスである。保育現場では主に子どもの様子や、環境構成、実践方法に関する成果や疑問、課題等が対象となる。

O：Orient（方向づけ）

　Observe（観察）を通して得られた情報を元に、これまでの経験や学習を活かして環境分析や状況判断を行い、今後取るべき行動の方向づけを行うプロセスである。保育現場では主に行動を規定していくための仮説（どのような方法で Observe（観察）内容にアプローチできるか）生成等があげられる。

D：Decide（意思決定）

　具体的な行動のための手法を選択し、実行のための意思決定（実行の決断）を行うプロセスである。保育現場では主に仮説に基づき、環境構成、実践方法の選択肢を提示しながら選択していくこととなる。

A：Act（行動）

　Decide（意思決定）した内容を行動する（実行する）プロセスである。保育現場では主に Decide（意思決定）に基づき、具体的な環境構成の実施や支援行動となる。

### 3．保育現場における OODA ループの活用

　この OODA ループをダイバーシティ・インクルージョン保育方法、支援方法で考えれば、図6-2のようになる。ある保育所では6月に入り雨の日が続くと、自閉症スペクトラム障害の診断を受けている A 児が他児と遊具の取り合いでトラブルとなる機会が増えてきた（① Observe（観察））。保育士は A 児の観察から、6月に入り、部屋の湿度が高い日が多く、保育室には30名の子どもがいるため蒸し暑い状況が生じていた。このことから、A 児は湿度や人の多さに不快に感じ、それが他児とのトラブルの一つの引き金になっている可能性を考えた（② Orient（方向づけ））。そこで、保育士は A 児の席を保育室内でエアコンに近い場所に移すことで、除湿さ

| O：Observe（観察） | O：Orient（方向づけ） | D：Decide（意思決定） | A：Act（行動） |
|---|---|---|---|
| ・6月に入り雨の日が続くと、A児が他児と遊具の取り合いでトラブルになる機会が増えた | ・保育室には30名の子どもがおり、部屋の湿度も高いことから、不快に感じている可能性がある | ・保育室内でエアコンに近い場所にA児の席を移す<br>・保護者に通気性の良い洋服の準備を依頼する | ・席替え（グループ替え）を実施する<br>・連絡帳にA児が汗をかいていること、洋服の依頼を書き込む |

図6-2　ダイバーシティ・インクルージョン保育実践におけるOODA
　　　　ループの例
　　　　（ダイバーシティ・インクルージョン保育方法、支援方法）

れた空間で過ごせる時間を増やすとともに、保護者にリネン生地やコットン生地等、通気性の良い洋服の準備を依頼する方法を考えた（③ Decide（意思決定））。保育士はクラスで席替え（グループ替え）を実施し、A児が保育室のエアコン近くの席になるように配慮するとともに、A児の保護者に対して、連絡帳にA児が汗をかいていることを記すとともに、通気性の良い洋服を着用している日は心地よさそうに過ごしている様子を書き込み、着替えにも通気性の良い服を持たせてあげてほしい旨の依頼を書き加えた（④ Act（行動））。その結果、A児は保育室内で過ごしやすい環境に近づいたためか、他児とのトラブルは減少し始めた。このような保育方法、支援方法を思考する際に、OODAループは思考をサポートするツールとして機能する。

　また、研修をデザインする際にもOODAループは有効なツールとなる。例えば図6-3のようにB幼保連携型認定こども園では、外国にルーツのある子どもの就園事例が増え、日本語を母語としない子どもとのコミュニケーションや、保護者の書類作成に関する負担感が課題となっていた（① Observe（観察））。そのため、保育者の専門性向上や具体的な保護者支援方法の導入が求められた。そこで、ダイバーシティ保育を専門とする大学教員に園内研修会として講演会を依頼するとともに、保護者支援に関しては多言語対応の連絡アプリの導入を検討するため、業者から見積もりを入手しようと考えた（② Orient（方向づけ））。大学教員に依頼するためメー

| O：Observe（観察） | O：Orient（方向づけ） | D：Decide（意思決定） | A：Act（行動） |
|---|---|---|---|
| ・外国にルーツのある子どもの就園が増え、子どもや保護者支援に課題が生じている | ・保育者の専門性向上を図るため、園内研修会を行い、保護者支援ツールの導入を検討する | ・大学教員に研修会を依頼する<br>・保護者支援アプリの開発業者に導入経費の提示と説明を求める | ・大学教員に打診し、日程調整等を行う<br>・業者から見積もり提示と説明会を受ける |

図 6-2　ダイバーシティ・インクルージョン保育実践における OODA ループの例（研修）

ルを送付するとともに、業者にも連絡と見積もり作成依頼を Web サイトから実施し、説明のための訪問を依頼することとした（③ Decide（意思決定））。大学教員からは今年度の研修費予算の範囲の謝礼で講演会受諾の返信が得られ、日程調整を行うこととなった。業者に関しては見積もりが得られ、丁寧な商品説明で理解が深まった（④ Act（行動））。アプリに関しては保育者からも導入を希望する声が上がったものの、想定以上の経費が必要であり、年度予算では対応困難なため、次年度の導入に向け法人財務担当と折衝することとした。講演会では身振り・手振り・遊び道具の共有による非言語コミュニケーションを活用した保育方法が教授され、取り入れていく方針が決められた。また、大学教員から大学で第 2 外国語を習得している保育科の学生を紹介され、週 1 日のアルバイトが確保でき、外国にルーツのある子どもやその保護者との対応時に、保育者を補佐するよう依頼することができた。

　このように、OODA ループは施設や保育者がとらえた子どもの様子や、環境構成、実践方法に関する成果や疑問、課題等に即時的に対応するためのツールとして機能し、特に実際の園現場の実情にあった行動選択を支えることができる。また、各保育者がこのような思考ツールを活用することで、自律的な組織づくりを進め、改善等に向けた行動に迅速に取り組むことにもつながっていく。しかしながら、個々の保育者レベルでの行動を促すことができ、この OODA のプロセスは絶え間なく展開していくため、施設内で得られる知見や専門知が共有されにくいという課題も存在する。そ

のため、OODA ループを活用していくためには、組織内で職員が学び合う機会、コミュニティを創り出すシステムづくりも欠かせないことには、留意が必要である。

### 第3節　組織内で職員が学び合う機会、コミュニティづくり

　では、具体的に OODA ループをいかすために、組織内で職員が学び合う機会、コミュニティづくりにはどのように取り組んでいけばいいのだろうか。その一例として、C 保育所における園内研究の事例を参考に、ポイントを整理することとしたい。

　C 保育所では 3 年間の研究テーマを設定し、園内研究に取り組んでいる。C 保育所の園内研究テーマは「子どものつぶやきから保育環境を再構成する」であり、このテーマを母体として保育者一人ひとりが、「つぶやきから、毎日環境構成を見直す」「1 日 1 回一人ひとりの子どものつぶやきを集める」「つぶやきから対話する」等自分の個人テーマを設定して、園内研究に取り組んでいる。園内研究は 3 カ月に 1 度、未満児クラスと以上児クラスに分かれて報告会を行っており、年度末の園内研究報告会は外部講師も招いて施設全体で実施している。

　報告会では、一人ひとりの保育者が自ら設定したテーマに基づき A4 用紙 1 枚で画像を用いながら資料を作成して報告を行う。保育者によっては発表用のフレームを Word で作成する保育者や、手書きで作成する保育者、付箋を用いてマインドマップにまとめる保育者等多様である。これは施設側として報告方法を規定せず、保育者同士で学び合えるように設定している。ただし、報告資料は必ず報告会後に PDF で保管し、各保育者が確認できるように、保育所の共同クラウドに置いている。これは資料の再確認に際して、探す手間や時間の削減にもつなげている。そのため、手書きの報告書等は画像データにして PDF 化している。年度末の園内研究報告会は、2 年目から報告形態を統一した方が各自の研究内容が理解しやすいとの声が保育士からあがり、2 年目からは統一したフォーマットを用いている。

　このような園内研究に取り組むことで、未満児クラスでは保育者同士が子どもの姿を保育者同士で共有する機会がうまれ、クラスで子どものつぶやきを拾ったときに、各保育者が内容を付箋で記し、クラスで共有する流れへと展開した。そのため、1 歳児クラスではクラスでも「子ども全員のつぶやきを集める」テーマを設定し、子どものつぶやきを集めることで、

つぶやきの少ない子どもが出ていないかどうか、子ども理解を見直す契機となっている。以上児クラスでは保育者の数が限られているため、子どものつぶやきが印象的なものを中心に集める結果となっており、全員の子どもからつぶやきを集める難しさが報告会での話題となった。そのため、加配保育士や事務所の園長、看護師、栄養士にも子どものつぶやきを耳にしたら付箋に書き記すことを依頼し、子どもの姿、情報を事務所と共有しやすくなる成果へとつながった。

　年度末の園内研究報告会では、各クラス、各保育者のつぶやきを集めた事例をもとに、どのような観点でつぶやきを集めたり解釈したりしているかを研修講師（助言者）である大学教員が解説するとともに、グループワークを通して子どものつぶやきから何が学べたのか、どのような環境の再構成につながったのかを模造紙に整理して、施設としての学びの内容を指摘している。また、各保育者がそれぞれの学びを基にディスカッションを行う際にも、ファシリテーターの役割を担うことで、各保育者の学びの機会を創り出している。3年間の取り組みを経て、各保育者が報告を通して学ぶ楽しさや成果を感じてきており、4年目以降も継続して取り組んでいる。

　その一方で、各クラスや保育者の学びは実感できるものの、他の年齢、クラスの子ども同士のつぶやきのつながりや、10の姿とのつながりについては学びが深まったという実感は得られていない。また、研修講師（助言者）である大学教員からも、園内研究テーマである「子どものつぶやきから保育環境を再構成する」に関して各保育者の理解にばらつきがあり、本研究テーマを深めていくには研究方法に工夫が必要であるとの指摘がなされている。このようにC保育所の園内研究はまだまだ発展途上であるが、身近なテーマから研究を継続することで学び合う機会、コミュニティづくりに取り組む契機を創り出しており、これから園内研究に取り組む幼児教育施設においても参考となる事例である。

## 第4節　まとめ

　ダイバーシティ・インクルージョン保育を進めていくために、施設経営としては研修（講演）・園内研究の充実が重要であることは理解できたのではないだろうか。ただし、その方法は多様であり、各施設で自施設の現状に合った取り組みから始めることが望ましいといえる。本章はそのために必要な情報の一端を示している。また、本書の第8章から第14章に示し

た実践例のように、施設内で取り組んでいるダイバーシティ・インクルージョン保育実践事例を画像や教材、週案等何でもいいから集め、それぞれの実践を語り合うところから始めることも可能である。まずは体裁よりも研修（講演）・園内研究の第一歩となる具体的な行動を起こすことも、施設経営者としては検討したいポイントである。

　また、研修は園内外で行うことが可能なことはすでに述べたとおりである。積極的に行政や大学等の研修機会を活用して保育者の参加を促すとともに、そのためのシフト調整等も保育者の研修への参加意欲を左右することにも理解を深めたい。また、同じ地域や法人の幼児教育施設同士で合同で研究テーマを設定し、外部から自施設の実践を振り返る機会を設けられると、園内研究とは異なった示唆が得られる可能性が高い。そのような取り組みにも力を入れていくことが望ましいといえるだろう。

（田中　謙）

引用・参考文献
・瀧川光治（2016）「写真を活用した保育の振り返りと園内研修の手法の提案」大阪総合保育大学『大阪総合保育大学紀要』10,287-297.
・瀧川光治（2022）「保育者対象の研修において研修で学んだことを活かしていけるための研修設計─『研修転移』の考え方を踏まえた試論─」大阪教育大学幼児教育学研究室『エデュケア』42,31-39.

# 第7章　療育の理解

## 第1節　「療育」という言葉をめぐって

　乳幼児保育に携わる者は、「療育」という言葉を耳にすることが多い。例えば、早期療育、療育施設、療育手帳等用語は各所で使用されているものの、果たしてどのくらい「療育」の内実が理解されているのであろうか。本章では、①「療育」を提唱した代表的な先駆者の捉え方、②今日的な「療育」の特徴のふたつに焦点を当てて述べる。すなわち、今日に至るまでの経緯の中には、主にいかなる趣意があるのか、その結果として今日的な「療育」の特徴をみようとするものである。

## 第2節　「療育」の先駆者が託した考え方―戦前と戦後において―
### 1.「療育」の萌芽―柏倉松蔵の主張を通して―

　「療育」という用語こそ使っていないものの、柏倉松蔵（1882-1964）の教育実践には「療育」の草創が読み取れる。柏倉は1921年5月に柏学園を創設した。同学園の趣意目的は、「身体不自由なる児童に、小学校の課程に準ずる教育を施し、適当なる場合には、専門医師に計りて、整形外科的治療を加え、幾分なりともその不便を除き、進んで職業教育を授け、将来独立して、生業に従事せしむる」とされている。ここからは、①（小学校）普通教育、②（整形外科的）治療、③職業教育の3点において、肢体不自由児を対象にして指導していく点を読み取れる。換言すれば、ひとつの園の中で、学科（遊び）と専門的治療を同時に行う機能を模索していたのである。わが国において、初めて肢体不自由児を対象として治療と教育の両側面からの指導をしていたという点で評価できる。

　柏倉は岡山師範学校出身の体育教師であったが、こうした指導法に至るまでの背景には、第一に、戦前の学校教育においては肢体不自由児には「体操免除」という消極的な面があったこと。第二に、そうした境遇に置かれている肢体不自由児を一か所に集めて、「病院風でなく、学校風に、治療のあいまには遊戯をさせ、学科も教え」れば、「子供たちも楽しい雰囲気で体操するようになるのではなかろうか」という教育観をもっていたこと。第三に、東京帝国大学整形外科教室の田代義徳教授より「医療体操」を伝授され、整形外科的後療法の技術（手術後のマッサージ法）を得ていたことが考えられよう。ここにこれまでになかった「療育」の萌芽をみることができる。

**2.「療育」という用語の提唱―高木憲次のドイツ思想の紹介を通して―**

　「療育」という用語は、1942 年、熱意と努力によりわが国で初めて肢体不自由児のための療育施設（整肢療護園、現在の社会福祉法人日本肢体不自由協会　心身障害児総合医療療育センター）を立ち上げた高木憲次（1883-1963）が提唱したものと言われている。高木は、東京大学の整形外科教授という象牙の塔の住人であり、「療育の父」と称され、20 年余もの社会的啓蒙活動を続けて初の肢体不自由児施設を創設するとともに、肢体不自由児療育の体系を築いた人物である。

　1951 年『療育』第 1 巻第 1 号には、「療育とは、現代の科学を総動員して不自由な肢体を出来るだけ克服し、それによって幸にも恢復したら『肢体の復活能力』そのものを（残存能力ではない）出来る丈有効に活用させ、以て自活の途に立つように育成することである」と定義している。現代風に言い換えるならば、療育とは医療、訓練、教育、福祉等の関連領域の結びつきを通して、障害を克服して、その子どもがもつ発達能力をできるだけ有効に育て、自立に向って育成することである。「科学を総動員して」という言葉は、機能訓練による障害の軽減、医療と教育を並行して進め、自立活動を行うことを指していたと理解できよう。肢体不自由児施設が、治療の場と教育・生活の場を一体化したものであり、戦後の重症心身障害児施設のモデルともなっていた。高木は「不治永患」という考えを提示したが、それはのちの重症心身障害につながる。

　「療育」の主な内容は、ドイツのクリュッペルハイム構想をモデルにした、①普通教育、②整形外科的治療、③職業教育の 3 つであった。この 3 つの点は、先述した柏倉の主張との共通性を見出せる。

　肢体不自由児を対象として、『クリュッペルハイムに就て』の論文の中で「人間全体を完全にしてやる」という目的から「療育」が提起されており、人間の諸能力の全体的な発達を成し遂げようとする場合に、「療育」の内容、方法論が必要とされたのである。高木は後年、「社会生存の安全性を獲得または快復するところまで世話をせねば」と東大の最終講義で語っている。

**3.　重症心身障害児施設「島田療育園」の「療育」―小林提樹の主張を通して―**

　日本赤十字病院小児科部長であった小林提樹（1908-1993）の座右の銘は、「この子は私である。あの子も私である。どんなに障害が重くともみ

んなその福祉を守ってあげなければと深く心に誓う」である。小林は1961年に重症心身障害児施設の島田療育園を設立し園長となる。小林の療育思想の形成過程を概略すると、①障害児の精神衛生相談と診療にあたった時期、②在宅児とその家族を支援した時期、③重症心身障害児の入所と療育を行った時期に大別できよう。

　小林の「療育」は、当時の児童福祉法の対象にならない、いわゆる「法の谷間」にあり公的な支援を受けられない子どもを対象とした。その対象児の増加にともない、①医学的重症心身障害児、②介護的重症心身障害児、③社会的重症心身障害児と分類するようになる。家庭崩壊といった家族問題、換言すれば家庭救済的観点からの療育の捉え方が強いのが特徴で、子どもが法的に埒外に置かれているという社会問題を認識していたのである。「重症であればあるほど専門収容施設でなければならない。それは、病院的色彩をもった収容施設となる。医学的重症児は小児病院的であり、介護的重症児は精神病院的である。といっても、医療とともに指導教育の面が強く要求されるので、今までにない新しい形式の施設」[1]が構想されていたのである。医療上の必要性だけというのであれば、通常の医療機関に入院できるような制度を確立すればよく、あえて重症児施設を開設する必要はない。重症児には医療だけでなくその他の支援も不可欠であるという認識から、生命保障をベースにして医学的管理（健康維持）と同時に日常生活と介助を行うことにあったのである。第5の医学として重症児医学の基礎が築かれ、重症児に光がさし始めたのである。（本書第13章の医療的ケア児参照）。

　実際の療育をながめてみると、療育園は病院法にもとづいて発足したので病院に近い環境であり、家庭とは根本的に異なるため、試行錯誤をしながら療育が行われていた。開園当初は、生活の中で基本的な食事、排泄、睡眠、そして医療の処置という必須の業務に追われる日課であった。しかし、1年後の1962年には午前と午後に各30分の保育時間が設けられ、一例として、看護師がベットの上にビーチボール等の遊具を置いて対応するといった変化が見られる。

## 4．重症心身障害児施設「びわこ学園」の「療育」—糸賀一雄と岡崎英彦の主張を通して—

　糸賀一雄（1914-1968）は1946年、戦後の混乱の中で池田太郎、田村

一二の懇請を受け、戦災孤児（浮浪児）とともに知的障害児も対象とする「近江学園」を創設し、園長となる。2年後の1948年に岡崎英彦（1922-1987）が近江学園園医に就任した。1953年には、医療を必要とする強度のノイローゼの子ども二人に対応した療育グループの杉の子組が編成された。これがびわこ学園の源流であり、医局に保健師、保母を配置し、医療を傍らにおいた教育の必要からびわこ学園設立の提案をすることになる。同学園は西日本で最初の重症心身障害児施設で、先述した島田療育園と並んで、重症心身障害児施設の先駆けとなった。1963年4月に森俊樹が療育指導の中心となる第一びわこ学園が、1966年2月に池沢敏夫が療育指導の中心となる第二びわこ学園が開設された。1963年7月の厚生省事務次官通達「重症心身障害児の療育について」で制度が整うのに相前後する開園であった。

　岡崎は京都帝国大学医学部在学中に学生寮（興亜寮）のボランティア組織で糸賀と出会って以降、糸賀の思想を継承し発展させていった。糸賀が年長化、重度・重症化する障害についての先駆的事業とその法制化を行ったのを1945年から1960年代と捉えるなら、岡崎はその後継として、1960年から1980年代に重症児施設の運営と療育の定着、重症児者福祉の社会化を行ったと捉えることができる。糸賀一雄追想集に収められた岡崎の一文には、糸賀に対する心情があふれ、切々たる思いの中に決意が込められている。「この子らを世の光に」という糸賀の思想を自分のものとするには、糸賀の内面的な過程をたどるしかなく、外への努力を続けるしかないと綴っている。

　びわこ学園の職員が障害児者へのかかわり方で悩んでいたときに岡崎が「本人さんはどう思てはるんやろ」と導くように尋ねたという逸話のように、当事者の立場で考え、そのニーズ（願い）に即して実践することに意義がある。同学園の実践を通して田中昌人（近江学園研究部、後京都大学教授）を中心に「発達保障」理論が創造されていった点に特徴がある。「ともに生きる」という実感こそ人と人との関係の土台であり、人間全体を見ようとするとき、まさに人間同士の生のぶつかり合いを考えていたのであろう。大人と子どもが互いに育ちあう概念が「共感」であり、それこそが教育と福祉の原点であると評価できる。

　日々の実践の中から理論が創出される点に大きな特徴があると言ったが、岡崎自身も園内に住み込み、10人の職員と6人の重症児との濃密な

生活を送っている。1967年に制作された記録映画「夜明け前の子どもたち」の、野洲川の河川敷で小石運びに興じる場面で、石を運ぶ子どもたちの先を見通す力を培うといった目的を垣間見ることができる。重症児の生命を守り、彼らのからだに働きかけ、ほんの少しの微笑み等の獲得を援助し、人間関係を結び、心を外界に向って開いていく記録映画のシーンをみると、療育実践の教育的方法と子どもの原初的な発達する変化を確認することができる。

　さらに、「医療と教育を一体的に行う施設が必要である」ことが療育実践の結果として明確にされている。島田療育園は病院としての位置づけが強かったのに対して、びわこ学園は児童福祉施設としての位置づけが強かった点に相違点がみられる。社会的な観点で対象児を広く捉える点が前者にはあり、療育実践を子どもに合わせて深化させる発達的な観点が後者にはあったのである。

　1970年には、療育の中身を①生活介助、②医療、③理学療法、機能訓練、④保育、指導、教育の4つの分野に分けて考えられている。

　今日の社会福祉法人びわこ学園のホームページをみると、『理念に①一人ひとりの尊厳を重んじ、他とおきかえることのできない“いのち”を支えます。②その人らしさが輝く、「ふつうの生活」をおくることができるよう支援します。③障害のある人たちが安心して暮らせるまちづくりを進めます』となっている。

　①については、人間尊重のもと、かけがえのない個性に伴う自己実現の働きがあること。憐みの政策を求めているのではなく、もっと輝いてほしいといった発達への可能性を見出した信念であること。

　②については、人間の新しい価値観の創造を目指した社会をつくっていくこと。ノーマライゼーションという用語の先駆的な実践内容・方法が含まれていること。社会で生き生き生活できる主体性を重視してきたこと。

　③については、地域づくりという発想で、早期発見から早期療育に代表されるように地域療育システムを構築すること。

　これらの諸点を実際に行ってきて、新しい理論や方法を樹立していったプロセスを評価できる。

　糸賀の残した名言が「この子らを世の光に」であり、岡崎が職員に残した言葉は「熱頭冷諦」「本人さんはどう思てはるんやろ」である。

　これまで述べてきた柏倉、高木は肢体不自由という障害に対応した肢体

不自由児施設を、小林と糸賀・岡崎は重症心身障害という障害に対応した
重症心身障害児施設を開設し、苦労しつつ運営に努めた。つまり、障害面
からみた「療育」の提唱であった。

## 第 3 節　もうひとつの「療育」の提唱―高松鶴吉の主張を通して―

　高松鶴吉（1930-2014）は、九州大学医学部卒業、同大学整形外科教室
を経て、1965 年に北九州市立肢体不自由児施設の足立学園の初代園長と
なる。療育に取り組み始めて 7 ～ 8 年経った頃、次第に肢体不自由児以外
の障害児も対象とするようになる。「早期の、かつ総合的な療育」の必要性
を強く感じてそのシステムづくりを模索し、その結実として、1978 年に
同学園の発展として北九州市立総合療育センターが開設され、同センター
の所長となる。

　高松の主張には、戦前・戦後の先駆者たちにはなかった点がいくつかあ
ることから、本章ではひとつの転換期として重視したい。

　1990 年に「療育とは、現在のあらゆる科学と文明を駆使して、障害を
もった子どもの自由度を拡大しようとするもので、それは優れた『子育て』
でなければならない」そして「療育は情念であり、思想であり、科学システ
ムである」と定義している。

　著書『自立に向かう療育』（1994）では、「療育とは個々の訓練ではなく、
もっと全体的な注意深く計画され実施される子育てであることもわかって
きた」とし、その子育てとは「育つ力を育てる」ことであると述べている。

　高松は療育の定義を次のように説明している。①情念とは、医師、教育職、
福祉職等の専門職の高いレベルでの職務への動機づけである。②思想とは、
単なるハウツウだけでなく深い信念や新しい療育研究動向に裏付けられて
いる。③科学システムとは、療育が数多くの科学を総動員して実施される
事業であって、チームの形成や地域の専門機関の相互のネットワークが必
要である。これらに加えて、対象をすべての障害のある子どもに拡大した
ことは画期的であり、また子育て、育児支援を強調したこともそれまでに
はなかった視点である。障害のある子ども個々の訓練ではなく、全体で実
施されることであると理解できよう。

　高松の主張をめぐっては、それ以前に言及されてきた障害の軽減や改善
といった医学モデルに留まらず、家庭や地域での育ちや暮らしを支援する
モデルに大きく転換している点に特徴があると評価できる。ある意味では、

WHO が 2001 年に提唱した ICF（生活機能分類）に近いものとも捉えられよう。

　高松にとって、糸賀の存在は「永遠の師」といえるものであり、「人と人との出会いは、時に人の一生を決めるという。彼（糸賀）によって私（高松）は福祉の世界で生きる精神的なバックボーンを得たように思う」と述懐している。高木は「療育の父」と称されるが、高松は「療育の中興の祖」として讃えられている。

## 第 4 節　今日的な「療育」の特徴

　これからの豊かな、質の高い保育を行っていく園経営のためには、「療育」の中身を取り入れ充実させることが不可欠である。第 3 節までの「療育」の先駆者の主張をふまえて、「療育」は今日的には「発達支援」「家族支援」「地域支援」の 3 つの要素に分けられると筆者は考えている。その「療育」の特徴を以下に整理する。

### 1．子どもの発達支援と家族支援をする

　本章の冒頭で述べたように「療育」という用語は各所で使用されているものの、今日的には、1 つ目の「発達支援」と 2 つ目の「家族支援」という内実があると考えられる。子どもの発達支援では、発達障害児も含めて障害児と診断された子どもたち全体を対象にする、あるいは乳幼児期の診断までは至らないものの「気になる子」と称される子どもたちまでを含んでおり、肢体不自由児や重症心身障害児のみを対象とするのではないことは自明なことである。家族支援は小林の活動に端緒が明確にみられるが、子どもの周囲にいる親やきょうだいの苦労・大変さが軽減される中での子どもの変容が考えられる。子育てに不安や育てにくさを感じる保護者に対して、丁寧な支援が望まれている。

　発達支援においては、健康増進という考えが底流にあるのではなかろうか。障害児の健康の維持・増進という優れて医療・看護的な課題に、保育・教育が参加していくことによってさらに発達が促進されていくのである。

　障害のある子どもの場合、家族のかかわり方がその子の発達に及ぼす影響が大きいことから、障害のある子どもの発達とその家族を支援するための体制をいっそう整備していくことが国や自治体に求められる時代になりつつある。

## 2．障害児者のライフステージをトータルにみる

　障害児をめぐっては乳幼児期の早期発見から早期療育への移行の重要さが指摘される。乳幼児期から学齢期、青年期、成人期というライフステージをみると、医療（保健）―福祉（保育）―教育―福祉（労働）といった多様な段階を経て生涯を送ることになる。今日では個別の教育支援計画が作成され、次の担当者にバトンタッチして情報を共有する試みが一般化しつつある。わが国において長く続く縦割り行政からの脱却への期待でもある。各ライフステージにおいては、これまでの障害児保育の経験の蓄積で指摘されてきた、障害、発達、生活といった視点から子どもを理解すること、近年では、それらに加えて特別なニーズといった内面も理解することが主張されるようになってきている。この視点はダイバーシティ・インクルージョンを目指すうえでは不可欠と思われる。

## 3．地域における支援システムをつくる

　3つ目の「地域支援」について、地域で支援するという考え方は 1950 年代のデンマークに起源をもつノーマライゼーション理念に端を発する。わが国にはその理念が 1970 年代に紹介され、障害児者の支援の場に浸透していった。乳幼児期に保育、医療（保健）、行政と家庭の連携・協力で子どもたちの育ちを支える考えは広がりつつある。

　そして、特別支援教育が開始される前年の 2006 年には障害者自立支援法が施行され、未来に向けた発達支援をライフステージに応じ、身近な地域において行っていけるようにするという方針が打ち出されている。

　医療、保育、教育等の相乗的な関係が自覚される前提は、それぞれの専門領域が一度既成の枠組みを超えて、障害児の育ちを支援するという観点から各々の専門性を吟味し直したところにあるといえる。障害児の発達を保障するというひとつの営みの中で、どのようにその専門性を発揮し、相互に補完するかが問われている。（本書 Q11 参照）

## 4．専門性を発揮し、相互に補完する

　療育の場や「○○療法」という方法が紹介されることがたびたびある。それぞれに専門性は確かにあるが、何か特別な訓練を行うという理解が先に立つのではなく、日々の遊びや生活を創造していくという保育の基本を

大切にしていほしい。保育所、幼稚園、認定こども園といった幼児教育施設に通う子どもたちと同様に、家庭以外で「特別なニーズ」に支援を受けられる、発達を保障される場という理解が大切になってこよう。

　療育の場としては、厚生労働省管轄で児童発達支援センターと児童発達支援事業があり、文部科学省管轄で特別支援学校幼稚部がある。このような療育の場では、①生活の流れ・リズムがゆったりとしていること、②安心して、楽しい時間を過ごせること、③一人ひとりの障害の特性や発達に合わせた活動が考慮されていること（合理的配慮）、④個別指導が可能な複数の指導者のもと小集団であることがポイントになってくると考えられる。

## 5．今日的な「療育」を推進するための研修

　研修は、大きく分けると、自己研修、園内研修、園外研修に分けることができる（本書第6章参照）。園内研修の企画としては、一般的には①本・資料の回し読み、②外部講師による講義、③ロールプレイ、④保育観察、⑤ビデオカンファレンス、⑥事例検討会があげられる。研修は、無理なく継続していくこと、できるだけ多くの職員（臨時、パート職員も含めて）の共有情報になることが肝要である。

　①の回し読みは、参加者がそれぞれ自分の好きな時間に読むことができる。また誰でも企画し、実行することができる。⑤のビデオカンファレンスは、参加者各々の空いた時間を利用して見ることができる。また保育を客観的に見ることができる。⑥の事例検討会は、自分の実際に困っていることや相談したい事例に使える。さまざまな立場や視点からの意見を得ることが、インクルージョン保育を園内で進めるメリットとして考えられる。例えば、⑥の事例検討会の事例に②の講義内容を合わせている自治体もある。いわば、参加する職員と大学研究者等の合同交流会議の形式となる。

　さらに、これらの研修に保育カンファレンスを取り入れていくことで、より効率よく効果的に研修を進めていくことが期待できる。

（小川　英彦）

注
1　小林提樹（1962）「重症心身障害児の問題点をあげる」『厚生』17（10）、
　　33-35,

引用・参考文献
・柏倉松蔵（1956）『肢体不自由児の治療と家庭及学校』柏学園 .
・高木憲次（1967）『高木憲次―人と業績―』日本肢体不自由児協会 .
・糸賀一雄著作集刊行会（1982―1983）『糸賀一雄著作集Ⅰ・Ⅱ・Ⅲ』日本放送出版協会 .
・川上武、岡上和雄（1983）『社会福祉と諸科学 7―福祉の医学―』一粒社 .
・岡崎英彦（1990）『岡崎英彦著作集』医療図書出版社 .
・高松鶴吉（1995）『もうひとつのカルテ』ぶどう社 .
・小川英彦（2002）「『療育』概念の展開過程に関する一考察」愛知教育大学『教養と教育』2、47-54.
・近藤直子、全国発達支援通園事業連絡協議会（2010）『笑顔がひろがる子育てと療育―発達支援の場を身近なところに』クリエイツかもがわ .
・大丸幸（2014）「作業療法士の先導師―高松鶴吉先生とのお別れを惜しむ―」『作業療法ジャーナル』48、362-363、三輪書店 .
・小川英彦（2016）『障害児教育福祉史の記録―アーカイブスの活用へ―』三学出版 .
・渡部昭男、國本真吾、垂髪あかり（2021）『糸賀一雄研究の新展開　ひとと生まれて人間となる』三学出版 .
・藤林清仁（2022）「乳幼児期の療育と発達保障」『障害者問題研究』50（2）、81、全国障害者問題研究会出版部 .
・小川英彦、藤林清仁（2024）「これからの豊かな障害児保育の創造―多様性を保障するための地域療育―」『至学館大学教育紀要』26、67-81、至学館大学 .

# 第8章　（実践例）主任・副主任・職務分野別リーダーの養成

この章ではダイバーシティ・インクルージョン保育を進めるための主任・副主任・職務分野別リーダーの役割、位置づけ等に着目し事例を挙げ考える。

2017年に厚生労働省の「保育士のキャリアアップの仕組みの構築と処遇改善について」に園長をトップとする役職の階層がイメージできる図が掲載され、園長、主任保育士・副主任保育士・専門リーダー・職務分野別リーダーの階層が明確となった（図8-1）。

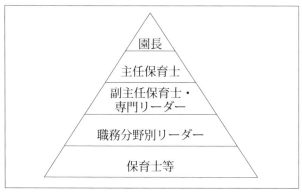

図8-1　保育士等（民間）のキャリアアップの仕組み
　　　　導入後の職制階層（イメージ）
　　　　（出所：2017年厚生労働省「保育士のキャリア
　　　　アップの仕組みの構築と処遇改善について」）

園長と他の保育士の間に主任保育士だけでなく、副主任保育士、専門リーダー、職務分野別リーダーが新設され中間層ができたのである。

それぞれの役職は表8-1に示されるように経験年数および職務の経験、終了した研修により分類されている。経験年数は概ねと示されており目安と考えられている。表8-2は幼稚園の教職員と職務をまとめたものである。

表8-1、表8-2より保育所、幼稚園ともに中間層の職務を担う保育者（ミドルリーダー）がいることがわかる。そのミドルリーダーが上の役職に就くための要件は経験年数や研修の受講だけではなく、保育技術や保育の知識等の力量も求められると考えられる。しかし具体的には明確になってお

表 8-1 保育士等（民間）のキャリアアップの仕組み・処遇改善のイメージ

| 役職 | 要件 |
|---|---|
| 園長 | 平均勤続年数 24 年 |
| 主任保育士 | 平均勤続年数 21 年 |
| 副主任保育士 | ア　経験年数概ね 7 年以上<br>イ　職務分野別リーダーを経験<br>ウ　マネジメント +3 つ以上の分野の研修を修了※ 1<br>エ　副主任保育士としての発令 |
| 専門リーダー | ア　経験年数概ね 7 年以上<br>イ　職務分野別リーダーを経験<br>ウ　4 つ以上の分野の研修を修了※ 2<br>エ　専門リーダーとしての発令 |
| 職務分野別リーダー | ア　経験年数概ね 3 年以上<br>イ　担当する職務分野の研修を修了※ 3<br>ウ　修了した研修分野に係る職務分野別リーダー※として発令<br>※乳児保育リーダー、食育・アレルギーリーダー　等<br>※同一分野について複数の職員に発令することも可能 |
| 保育士など | 平均勤続年数 8 年 |

研修分野
①乳児保育、②幼児教育、③障害児保育、④食育・アレルギー、⑤保健衛生・安全対策、⑥保護者支援・子育て支援、⑦保育実践、⑧マネジメント
※ 1　⑧ + ①〜⑥より 3 つ以上の分野
※ 2　①〜⑥より 4 つ以上の分野
※ 3　①〜⑥より担当する職

（出所：2017 年厚生労働省「保育士のキャリアアップの仕組みの構築と処遇改善について」）

らず、これから明らかになっていくものと考えられる。それでも主任、副主任、職務分野別リーダー等のミドルリーダーの位置づけが明確になったということは、期待される役割があることを意味する。

　ここでミドルリーダーの役割を考える。野澤ら（2018）は、ミドルリーダーの役割として「人と人を繋ぎ、信頼関係を築く役割」「保育者の学び合い、園の変化を支える役割」があるとしている。また、2018 年に実施された保育教諭養成課程研究会において、ミドルリーダーに求められる資質・能力として 40 項目 6 因子を示している。6 因子は、「連携・研修」「調整」「省察」「子供理解・援助」「後輩指導」「園運営の中核」である。櫻井（2021）は

表8-2 幼稚園の教職員と職務

| 職名 | 職務 |
|---|---|
| 園長 | 園務をつかさどり、所属職員を監督する。 |
| 副園長 | 園長を助け、命を受けて園務をつかさどる。 |
| 教頭 | 園長（副園長を置く幼稚園にあっては、園長及び副園長）を助け、園務を整理し、及び必要に応じて幼児の保育をつかさどる。 |
| 主幹教諭 | 園長（副園長を置く幼稚園にあっては、園長及び副園長）及び教頭を助け、命を受けて園務の一部を整理し、並びに幼児の保育をつかさどる。 |
| 指導教諭 | 幼児の保育をつかさどり、並びに教諭その他も職員に対して、保育の改善及び充実のために必要な指導及び助言を行う。 |
| 教諭 | 幼児の保育をつかさどる。 |

出所：「保育におけるミドルリーダーの役割に関する研究と展望」（2018）

「主任保育者に関するまとめ」で主任を「園長と他の職員を繋ぐ役割」「新任保育者の育成」「リーダーとして必要な実践の知恵や力量を持つ中堅保育者」「園長を助け、保育活動におけるリーダー」と定義した。ミドルリーダーとしての主任、副主任、職務分野別リーダーは程度に差はあるものの多岐に渡る役割を求められている。

　次に、分野別リーダー研修のうち、障害児保育の内容を見る（表8-3）。

表8-3 分野別リーダー研修の内容

| ねらい | 内容 |
|---|---|
| 障害児保育に関する理解を深め、適切な障害児保育計画し、個々の子どもの発達の状況に応じた障害児保育を行う力を養い、他の保育士等に障害児保育に関する適切な助言及び指導ができるよう、実践的な能力を身に付ける。 | ・障害児の理解<br>・障害児保育の環境<br>・障害児の発達の援助<br>・家庭及び関係機関との連携<br>・障害児保育の指導計画、記録及び評価 |

（出所：2017年厚生労働省「保育士のキャリアアップの仕組みの構築と処遇改善について」）

　主任、副主任、職務分野別リーダーに求められる役割と障害児保育の分野別リーダーの研修内容を比較すると「障害児の理解」、「家庭及び関係機関との連携」、「人と人をつなげる調整」、「保育者同士の学び合い」の共通

点が見られる。これらの視点から、この章ではダイバーシティ・インクルージョン保育を進めるための主任、副主任、職務分野別リーダーの役割、位置づけ等事例を挙げ考えていく。

## 第1節　担任保育士を支える

Z保育所の4歳児クラスは、男の子6人、女の子5人の11人のクラスである。担任は4月からこのクラスを担任する担任保育士（X保育士）と新規採用の加配保育士（Y保育士）との2人担任である。

7月に入って間もなく年中組の担任が職員室に駆け込んできた。「もう、毎回散歩に出かけられない。今日もなかよし公園まで行く予定だったが、玄関を出る前にA君が座り込み歩けないと言い出し、B君は虫を追いかけてふらふらしているし、C君は一人でずっとしゃべっているし、D君は隅に隠れて出てこない。結局、なかよし公園まではたどりつけず、近くの三角公園までしか行けなかった。この状態が4月からずっと続いている。A君は障害があるということで加配の先生がついているが、2人の保育者ではとても回らない。散歩に行けると楽しみにしていた子どたちもなかなか出発できない、たびたび行先の公園が変わるとなると期待もなくなり、ちぐはぐになり集中も途切れてしまう。いつも4人に振り回されているこれをどうにかしてほしい。」と涙ながらに訴えた。

この事例は、主任、副主任、分野別リーダー等組織内で保育者をサポートするミドルリーダーがX保育士の話を聞きながら、その思いを受けとめ、支える役割が求められる事例である。本事例の場合、X保育士は、4月から3か月間、保育を展開してきたがなかなか思うようにならず泣きながら訴えるほど感情も高ぶっている様子が見受けられる。そのため、対応した主任、つまりミドルリーダーはX保育士の思いを大切にしながらゆっくりと話を聞き、X保育士の感情に寄り添いを受け止める必要があると考えた。そこで、その日の幼児の降園後に、X保育士の話をゆっくりと、かつじっくりと聞く機会を設けた。

主任はX保育士の話を聞き、その気持ちを受け止めつつ、実際にクラスを見て担任が展開したい保育と子どもたちの実情が合っているのか、活動内容と子どもたちの興味関心が合っているのか、子どもの発達や育ちの様子等を見極め、トップリーダーとともに組織としてどのようなサポートが必要か、できるのかを検討した。また、X保育士から話を聞く中で、Y保

育士の話も聞く必要があると考え、翌日Y保育士から話を聞く時間を午前中に設けるとともに、X保育士、Y保育士から話を聞いている間の保育を担う代替保育士の確保が必要と考え、園長に提案した。

　X保育士、Y保育士から話を聞き、事務所では今後散歩時に可能な限り園長・副園長が同行してサポート行う方法、別のクラスの散歩と一緒に活動を行うことで、別クラスの保育士もサポートする方法、A君、B君、C君、D君の様子から散歩への参加が難しい場合は、園長・副園長も加わり、他クラスで散歩中に受け入れ、別の活動を行う方法等を考え、職員会議でもこれらの方法を提案した。そのうえで、職員間で協力して実施し、4歳児クラスのサポートを行うことを確認した。Y保育士も、X保育士をどのようにサポートしてよいのか戸惑っていることが判明したため、主任がフォローしながら、散歩時は特に散歩に出るときに個別の配慮が求められるA君とD君のサポートを中心に担い、事前の活動予告や散歩の見通しを立てる支援に重点を置くことを確認した。以上を踏まえ、園ではミドルリーダーが全体調整を行いながら、週案編成時にX保育士とスケジュールを調整しながら、X保育士が立案する散歩ができる環境構成に努めることとした。

　本事例では、まずX保育士は「主任が話を聞いてくれ、思いを受けとめてもらえた」と感じられ、再度保育実践に臨む気持ちをもつことができた。また、園長と今後の対応について相談し、具体的にサポートを行う方法を園組織として実施することを示すことで、X保育士が孤立しないように保育実践に取り組める環境の整備に努めた。また、今後どのようにクラスを運営していくのか、どのように保育を展開していくのか、指導計画への助言やアドバイス、具体的なサポートが行える体制を主任が整えていった。この事例は「人と人をつなげる調整」といえ、ミドルリーダーは保育者の思いに寄り添い理解者となるとともに、具体的な改善策を実行できるように組織体制を整える役割があることを示しているといえる。

## 第2節　事務室対応の保育

　5歳児クラスのE君は些細なことでの友達とのトラブルが絶えない。今日も給食の際に友達の持ってきた新しいお箸が気になり見せてもらいたくて取り合いになり、最後はそのお箸を奪い取り、そのイライラした感情のコントロールができずに床に投げつけて折ってしまった。友達からお箸を奪い取ってしまったこと、悪いことをしたことの自覚はあるもののイライ

ラした感情のコントロールが難しい様子である。些細なトラブルの積み重ねで担任保育士のW保育士は疲弊しE君が怒ることがないように腫れ物に触るような関わり方をした結果、E君は好きな場所で好きなことだけをする毎日となっていた。

　事務室では園長・副園長と障害児保育の分野別リーダーでフリー保育士のV保育士は、まずはE君は朝登園してクラスで身支度を整え終えると、事務室（職員室）で大人と一対一で絵本を読んだり、お絵描きしたり、製作をしたりして、落ち着いて園生活を送ることができるように努めた。またE君が事務室で過ごす間に、クラスでE君の思いを受け止められるように、V保育士がしばらく補強としてクラスに入る体制がとれるようにシフト変更を主任と行った。そして、V保育士がW保育士とともにクラス活動をしながらもE君が好きな遊びを展開できるように、小グループでの活動が複数展開できるよう、小グループ活動での活動計画と保育環境を整備した。

　この事例は、まずE君の園生活が安定するように、一時的に事務室で生活できる環境を構成し、V保育士がE君の発達を的確に評価し、クラス生活上のつまづきが生じやすい場面を整理することとした。また担任のW保育士以外にV保育士がクラスに入ることにより、E君が安定してクラスで生活を送れるようにするために、どのようにクラスを変えていくのかを考えることが可能となった。そこで、クラス一斉活動だけでなく、小グループで複数の遊びが展開できるようにし、子ども一人ひとりの希望する遊びが展開できるようにしながら、E君も自分でしたい遊びができるような環境構成に変更していく方向性を打ち出すことができた。このようなミドルリーダーの役割は、保育の振り返りや保育を評価する視点等、「人と人をつなげる調整」や「保育者同士の学び合い」にもつながるといえる。

## 第3節　情報共有

　仕事の終わった更衣室で、今年保育士になったU保育士が先輩保育士と話をしている。「今日うちのクラスのFちゃんが友達と手をつないで散歩に行けるようになった。ダウン症なので体が小さく散歩ではなかなか友達と歩調が合わず、いつも保育士と手をつないでいたが、今日は子どもたちからCちゃんと一緒に手をつないで歩きたいと言われ子どもたちが気をつけながらCちゃんの歩くスピードに合わせて歩いていた。クラスの子どもたちの成長とCちゃんの成長を感じた。」先輩保育士は静かに保育士の思いを受け止め聞いていた。

　この事例は、仕事が終わった後の更衣室での会話の場面である。更衣室での会話はフォーマルな業務場面ではないが、保育士が自分の保育を素直に振り返るような会話が生じる場所の一つでもある。また、更衣室は不特定多数の保育士が集まる場所のため、園長・副園長や主任がいる場合もあれば、若手の保育者がいるときもある。資料等が用意された体系的な研修場面とはいえないものの、保育の展開や子どもの様子、捉え方等の情報や種々の悩み等を率直な表現を介して直接的に素直に伝えられる場所でもある。

　この事例では、U保育士が保育での変容を伝えており、先輩保育士は耳を傾け静かに聞いている。身近な先輩は経験年数が7年以上とされる副主任である。この先輩保育士は傾聴の技術を身につけてきており、保育士の様子や困り感等に気付くこと、話の内容が問題か否かの見極めをしながらも、同僚として非判断的な姿勢で話に耳を傾けている。保育士の困り感や課題に気づき、U保育士が管理職に伝えたいものの、直接管理職に伝えられない内容等がある場合には、副園長や主任等につなぐ役割も求められる。

　この事例では、ミドルリーダーである副主任には何気ない会話から副園長や主任に伝えるべきことを判断する力が求められる。これは「人と人をつなげる調整」の力が必要である。さらに保育士自らの学びにも繋がることが考えられるので「保育者同士の学び合い」の実践でもある。

## 第4節　研修を園内にいかす

　4歳児クラスの自閉症スペクトラム障害の診断を受けているA君は、3歳児クラスから保育所に通い始めた。すでに医療機関で自閉症スペクトラム障害の診断を受けていた。少しずつ保育所に慣れていく一方、園生活上の課題も生じていた。A君は特に給食の対応に困っていた。給食の際にはなぜかA君がテラスに出て行ってしまうため、担当保育士はテラスに机を出してA君の席を作っていた。しかしながら、雨が降ってもテラスに出てしまうため、何か良い方法がないかと思案していた。

　主任保育士が障害児の外部研修に参加した際に、アセスメントおよび環境構成や構造化について学んできた。この内容を活かし、クラスではA君の給食の様子を観察、分析し、アセスメントを実践した。また、環境構成や構造化の一つである衝立を利用して、視線の刺激をコントロールする方法にも取り組もうとした。研修後主任保育士者がリーダーとなり、4歳児クラスの担任保育士、加配保育士とともに「チームAちゃん」を立ち上げた。

そして、衝立の素材や大きさ、衝立の設置場所等を検討し、給食への対応を実践し始めた。

　この事例では、主任保育士が研修を受けた後にすぐに対応チームを作り実践に移した動きが読み取れる。研修を受けた後に研修内容を職員会等で報告して共有する方法も重要であるが、この事例の場合報告で済ませるだけではなく、研修内容を活かしてその後の実践まで結びつけている。この事例では担任の保育士や加配の保育士とチームを組んだが、場合によっては看護師や栄養士、調理師とチームを組むことが求められる。状況によっては療育センターや子ども家庭支援センター等の地域の他機関や保健師、園に巡回指導に来る臨床心理士等の専門職との連携も必要となる。ケースによっては園長にはメンバーを検討してチームを作ることが求められる。その際、チームを構成するメンバーを固定する必要性はなく、チームの目的に応じて早朝や夕方のシフトに入る非常勤の保育士を加えたり、相談内容に応じて園長、副園長が交代でチームでの検討会に参加する等、メンバーの出入りを柔軟に行うことも、園長をはじめとする管理職に求められることも留意したい。

　また主任保育士には、担任を育てていくことが求められる。担任がリーダーになってチームを作成し支援の必要な子どもたちへの保育が展開できるよう指導していくことが必要である。スタート時は、研修に参加した主任保育士がチームのリーダーとなるが、ゆくゆくは副主任、担任、職務分野別リーダーがチームのリーダーとなれるよう主任保育士、園長が中長期的な人材育成計画に基づき関わっていくことが必要である。

　リーダーとなるには障害のある子どもを理解する知識や、実態を捉えることができるアセスメントの力量等が求められる。また保育に生かしていく技術として、小さな目標を設定し発達を促すスモールステップの方法や、事例のように衝立を作る等の子どもにとってわかりやすい具体的な方法を探し出してチームで検討し、子どもたちがより適応できるような方向性を示し実践に繋げていくこと等が必要となる。さらに園内外のチームメンバーの話を聞くことを通して実際の進捗状況や負担感等を把握し、業務の調整やノンコンタクトタイムを追加でシフト内に設定する等の労務環境整備も日々の保育を円滑に行うには不可欠である。各種の研修に参加し、知識や経験を積み重ね技術の向上を常に求めていく姿勢が重要である。

## 第5節　主任、副主任、職務分野別リーダーの役割と養成

### 1．保育者に寄り添う役割

　主任、副主任、職務分野別リーダー等、どのポジションの保育者が一人ひとりの保育者に寄り添うのかということは、少なくとも厚生労働省「保育士のキャリアアップの仕組みの構築と処遇改善について」等では明確になっていない。また、いずれかの役職だけに任せられるものではなく、組織として協働しながら取り組む必要がある。その際、保育者間で内容により相談相手は変化する等の人間関係が生じるため、いずれの役職も相談を受けられることを構成員に示し、相談機会をオフィシャル／アンオフィシャルに設定することが望ましい。また寄り添いの中で得られた情報は必要に応じて組織で共有したり、他言しないと約束したりする等、安心して話ができる関係性を保持できるように努めたい。

　幼児教育施設の現場では、組織で働く全ての人々が各々支え合い、保育実践が展開されていく。「保育者に寄り添う」という役割は全ての保育者や幼児教育施設で働く専門職に求められる。

### 2．チーム・協働

　発達に何らかの課題やつまずきのある子ども、ひとり親家庭、外国にルーツのある子ども等、保育場面には多様な背景をもつ子どもたちがいる。その中で保育者には多様な保育を求められる。今日では保育は変化し、より複雑になってきている。多様な子どもたちが生活する中でより良い保育を展開するためには、保育者のチーム・協働が非常に重要になってくる。担任だけがクラスの子どもの責任を負うのではなく、園長、所長の統括の下、幼児教育施設が一丸となり子どもたちと関わっていくことが求められる。その雰囲気を作り出すのも主任、副主任、副園長等のミドルリーダーの今日的な役割である。3つ目の事例にあるように、休憩室や更衣室での何気ない普段の会話の中に課題や問題が見つかることもある。何気ない会話ができる雰囲気づくり、日ごろからの習慣、信頼感等些細なことの当たり前に気を配ることがミドルリーダーに求められる役割である。些細なことに耳を傾けることで早期に対応できたり、ことが大きくなる前に的確な対応が可能となったりする。風通しの良い職場の環境を整えることも重要である。そのためにミドルリーダーの日々の豊かなコミュニケーション力が必要になる。

## 3．養成について

　ただ単に経験年数を重ねることで保育士の力量が身につくわけではない。例えば1つ目の事例では、自分のあふれ出る思いや強い感情が前面に出ている保育士の話を傾聴すると同時に実態を捉えるために必要なアセスメントをしていく保育の技術・知識が求められるが、保育の経験を積むだけで傾聴、アセスメントの技術・知識が向上するわけではない。確かにより多くの子どもたちへの保育経験により身につくこともあり、助言やアドバイスにつながることもあるだろう。しかし、経験で得た知識だけでは太刀打ちできないこともあり、ときには間違った助言、アドバイス、判断につながる場合もあり得る。研修や自主的な学びによる反省、新たな知識等に触れていこうとする姿勢が必要である。1つ目の事例で主任保育士が「私だったら解決できるのに、そんなことぐらいで職員室に訴えに来ないで。」と担任に指導したらどうなるであろう。主任保育士が「私だったらできるのに」と伝えることで保育に悩んでいる、保育に困り感を持っている担任は何かを学ぶであろうか。助言、アドバイスとして的確な言葉であろうか。これからの保育の展開を考えることよりも、気持ちを受け止めてもらえないことによる不信感、焦燥感、閉塞感等今の負の気持ちを抱えて保育を展開しかねない。その思いが積み重なっていくと自己肯定感が低くなり「どうせ私なんかできなくても仕方がない」等の思いに繋がっていってしまう。副園長や主任保育士には保育士の気持ちをしっかりと受け止め、子どもの実態を的確にアセスメントする保育技術・知識が求められる。それは経験だけに基づくものではなく、子どもの実態に応じた事実に即した根拠のある助言や指導でなければならない。そのためには研修や他の専門職からの助言、アドバイスも必要である。特に研修での研鑽は必要不可欠であり、加えて保育士自らが主体的に学ぶ姿勢（自主研修）を身に付けられるように見守っていくことも大切である。

　2つ目の事例でも「担任は、クラスの保育ができないといけないので職員室でE君を保育する。担任はクラス運営をしっかりしてください。」と助言、指導したらどうであろう。職員室での保育をいつまで続けるのであろうか。副園長や主任が常に保育をすることにより、副園長や主任の本来の業務や役割に支障がでてくることは間違いない。担任のクラス運営を支えるためには職員室で子どもを保育することは一時しのぎにしかならず、本来のクラス運営とは言えないであろう。職員室で子どもを預かることだけ

でクラスの子どもたちおよび E 君の両方の子どもの発達保障はできるのであろうか。クラスのどの子どもたちにも、E 君にも適切な保育が必要である。

　この事例では、副園長や主任等には E 君のいるクラスに入り、クラスでの E 君の様子をしっかり理解し、クラスの子ども、クラス運営、担任の保育展開等を評価する役割が求められる。また、副園長や主任等が E 君と関わる様子を、一つの保育方法として担任に提案し、ともに考えていく姿勢が求められる。

## 4．ダイバーシティ・インクルージョン保育の今後に向けて

　本章では「障害児の理解」、「家庭及び関係機関との連携」、「人と人をつなげる調整」、「保育者同士の学び合い」を重視して考えてきた。

　園経営（園づくり）をするにあたっては、これらのどの項目も保育者として必要な力量であり知識・技術である。保育の現場でも園長（所長）が副園長、主任を育て、副園長、主任が副主任、分野別リーダーを育てていくことが求められる。合わせて専門的な研修や互いの学び合いの時間も必要であり、その時間や機会の確保も今日の保育の現場に求められていることである。

（渡邊　眞理）

引用・参考文献
・厚生労働省　厚生労働省雇用均等・児童家庭局保育課（2017）「保育士のキャリアアップの仕組みの構築と処遇改善について」平成 29 年 2 月 24 日．
・野澤祥子・淀川裕美・佐川早季子・天野美和子・宮田まり子・秋田喜代美（2018）「保育におけるミドルリーダーの役割に関する研究と展望」『東京大学大学院教育学研究科紀要』58, 388-416.
・一般社団法人　保育教諭養成課程研究　幼児教育に係る教職員の養成、採用、研修等の在り方に関する調査研究　報告書「幼稚園等におけるミドルリーダー後期の実態と課題〜中堅教員と園長の比較調査を通して〜」平成 29 年度文部科学省委託「幼児期の教育内容等深化・充実調査研究」．
・櫻井裕介（2021）「主任保育者に求められる能力の調査―先行研究を中心に―」『中村学園大学発達支援センター研究紀要』12, 9-14.

# 第9章　（実践例）加配保育士や特別支援教育支援員の養成

## 第1節　加配保育士と特別支援教育支援員とは

　加配とは、通常、保育現場において担任に加えて保育者を追加で配置することを指す場合が多いが、その名称は地域や施設によって様々であり統一されていない現状がある。ここでは、障害のある子や支援が必要な子の支援を目的として配置される保育者を「加配」もしくは「加配保育者」と呼ぶこととし、加配の制度について整理しておく。

### 1．加配保育士とは

　保育所において、加配保育士以外にも療育支援補助者（内閣府、2019）[1]、保育補助員の中の障害児対応として区分されているもの（名古屋市、2021）[2]等があるが、ここではそれらを含めて加配保育士と呼ぶ。

　加配保育士とは、原則的に保育所に配置される保育士を指している。1974年に厚生省から「障害児保育事業実施要綱」が出され、その目的は「障害保育事業は、保育に欠ける、程度の軽い心身障害を有する幼児（以下「障害児」という。）を保育所に入所をさせ、一般の幼児（以下「一般児」という。）とともに集団保育をすることにより、健全な社会性の成長発達を促進する等、障害児に対する適切な指導を実施することによって、当該障害児の福祉の増進を図ることを目的とする」とされた。併せて、職員について「障害児保育事業には、原則として保母2名を配置するものとする。なお、障害児の保育にあたる保母は、適宜必要な研修受ける等研さんに務めるものとする」、「障害児保育にあたる職員は、原則として障害児4名につき専任保母1名を置くものとする」とされた。これにより、加配保育士が制度上位置づけられた（厚生省、1974）[3]。

　2007年から、地方交付税の算定対象を軽度障害児に広げ、特別な支援が必要な児童2名に対して加配を1名配置とした（内閣府、2010）[4]。2017年の報告書によると、82.8％の保育所が加配を配置している（全国保育協議会、2017）[5]。

### 2．特別支援教育支援員とは

　幼稚園においては、加配の役割に配置される場合、特別支援教育支援員、

専任教職員、補助教諭や看護師等、自治体によってさまざまな名称を使用されている（愛知県、2022）[6]。

　1974 年に公立幼稚園に対して「心身障碍児幼稚園助成事業補助金交付要綱」、私立幼稚園に対して「私立幼稚園特殊教育費国庫補助金制度」が策定された。これらの制度では、障害児を受け入れるための整備費用で補助教諭を配置できるものの、補助教諭配置のためだけの費用ではないため、障害児を受け入れるための環境整備や教材購入費等に充て、補助教諭を配置していない場合もある点が保育所と異なる。1999 年から、私立高等学校等経常費助成費補助金に「幼稚園特別支援教育経費」が含まれるようになり、障害のある幼児が 2 人以上在園している私立の幼稚園を対象とし、当該障害幼児の専任教職員給与費を含む教育に必要な経常的経費に対する補助金を交付するとしている（全日本私立幼稚園連合会、2011）[7]。

　2007 年から特別支援教育が始まり、特別支援教育支援員が小学校、中学校に配置されるようになり、2 年遅れて 2009 年に幼稚園においても特別支援教育支援員が制度化された。

　特別支援教育支援員は「幼稚園、小・中学校、高等学校において障害のある児童生徒に対し、食事、排泄、教室の移動補助等学校における日常生活動作の介助を行ったり、発達障害の児童生徒に対し、学習活動上のサポートを行ったりする」（文科省、2007b）[8] とされている。資格や免許を問わない任用であり、任用された特別支援教育支援員の教員免許取得割合は概ね 60％弱と報告されている（文部科学省、2010a）[9]。特別支援教育支援員は女性が多いが、小学校高学年の男子児童になると、着替えや排泄等の介助は女性では難しい、担任と特別支援教育支援員が打ち合わせをする時間がなかなか取れない等の課題が報告されている。（文部科学省、2010b）[10]。

　特別支援教育支援員は教員免許を所持していたとしても、教諭又は講師として配置されていないため、担任教諭の代わりに、その授業を引き継ぎ、代替して行うことはできないとされている。あくまで補助としての配置であり、補助とは児童生徒への授業における教示や指示の補完・補充、授業の準備や後片付けの援助、学級環境の整備等の援助を指す（文部科学省、2007c）[11]。

　子ども・子育て支援新制度実施に伴い、内閣府から 2015 年に「特定教育・保育等に要する費用額の算定に関する基準の制定に伴う実施上の留意事項（案）の送付について」が出された。2019 年に最終改正され、加配対象児

として「医師による診断書や巡回支援専門員等障害に関する専門的知見を有する者による意見提出など障害の事実が把握可能な資料をもって確認しても差し支えない。」と追記された「特定教育・保育等に要する費用額の算定に関する基準の制定に伴う実施上の留意事項」が出された[12]。

　これにより、保育所・幼稚園・認定こども園において、加配を配置することが可能となったが、非常勤であることや無資格者でも可能という点からその専門性は担保されていない。

　このように、加配について保育士資格や教員免許の有無や、どのような業務を担うか規定されているかどうかは保育所と幼稚園でも異なり、さらに各自治体や園によって運用も様々である。

## 第2節　加配の実態

　加配の実態として筆者の調査[13]によると、129名のうち、非正規雇用が77.5％であり、加配対象児の人数が2人以上と回答した割合が71.4％、全員が保育士または幼稚園教諭免許状のどちらかを取得していた。加えて、79.1％が担任経験を有しており、保育歴が5年以上と回答した割合が83.0％であるが障害児保育歴が5年以上の割合が27.2％であった。担任と加配の保育歴と年齢の関係については、担任の方が年齢が低い割合が79.4％、担任の方が保育歴が短い割合が59.0％であった。担任との相談について、定期的な打ち合わせがある割合が1.3％であり、朝や帰りや休憩の時間に相談している割合が50.9％、保育中が37.8％であり、多くはその都度相談しているという結果であった。研修に参加している割合が80.4％である一方、巡回相談や専門機関に相談する機会があると回答した割合は27.2％であった。特に注目すべきことに、加配保育者になった動機について、加配を希望していないと回答した割合が49.6％であった。これらの結果から制度上資格や免許が不要であるが、実際に保育現場では保育経験を有する人材が加配して配置されているため問題が起こりにくくその必要性が指摘されてこなかったことや、障害児保育経験が浅く、専門機関への相談が十分に保障されていないことから加配保育者の裁量に任されているという課題が明らかとなった。

　これらの状況や課題を踏まえたうえで、加配の養成を考えていく必要がある。

## 第3節　加配の養成に対する誤解

　上記の調査結果から分かるように、加配の 79.1％が担任経験を有している。そのため、障害児への個別支援を目的とする加配の場合でも、担任経験があれば対応可能であるという誤解から専門的なトレーニングを受けることなく加配として配置されている。これは、支援内容が担任経験を土台とした加配個人の力量に任せられているという問題として指摘できる。

　実際に、クラス集団をまとめながら保育を進める担任保育者と、障害児への個別支援を中心としながら、クラス集団と障害児をつなぐ加配保育者とでは異なった専門性が求められる。しかし、加配保育者にはどのようなトレーニングが必要であるかについては検討されていない。加配保育者に対する研修内容は、主に障害児の特性や支援の工夫等が多く、担任保育者が受講するような内容と変わらない場合がほとんどである。これらの知識や支援の工夫を学んだとしても、担任保育者との連携はどのように行っていくのか、障害名が同じであってもまったく別の特性を持っていることがあることや、どのようなクラス集団に所属しているかによってその特性の現れ方が異なることや、集団活動への参加が難しい場合、無理に参加させるべきではないと思いながら別の活動をしている場合、本当にこのままでよいのかと心が晴れない状況が続く等の問題には対応ができないのである。

　さらに、加配保育者が非正規雇用であるため、研修に参加する機会が十分に保障されていないだけでなく、加配保育者同士で集まり、事例検討を行っている割合も 10％程度に留まっており、加配保育者としての実践知が伝達・継承されない構造となっている。

　これらを踏まえると、加配に対しては加配として必要な専門性や担任保育者との連携を含む養成が必要となってくるのである。

## 第4節　加配保育者を養成していくために

### 1．担任保育者とは異なった加配保育者の専門性とは何か

　担任保育者とは異なった加配保育者の専門性とは、障害児を中心とした集団づくりである。つまり、加配保育者は障害児の個別支援だけでなく、担任保育者と同様に集団づくりを行うことが求められるのである。加配保育者は障害児をクラス集団になじませるために障害児を支援すると考えられていたが、筆者の調査[14]では、周りの定型発達児への支援を行うことにより、結果的に障害児がクラス集団になじんでいくということが明らかに

なった。すなわち、障害児への個別支援によりクラス集団に適応できるようにするのではなく、周りの他児が障害児を受け入れられるように集団づくりをしていたのである。そう考えるのであれば、加配保育者はサブであるという認識や、担任保育者の保育を邪魔しないようにという認識を改めて、加配保育者もクラスの主であると認識し、すべての子どもたちの発達を保障するという役割を担っていく必要があるといえる。

## ２．担任保育者とどのように連携をしていけばよいのか

　加配保育者は常に担任保育者と連携をして保育を行っていく必要がある。そのため、その年ごとに保育観の異なる担任保育者と組むだけでなく、場合によっては複数のクラスに配置されるため、それぞれ異なった保育観をもつ複数の担任保育者と連携をしていくことが求められる。

　その場合、担任保育者のクラスであるため、担任保育者の保育観に合わせて、言われたとおりに保育を進めていくだけでは、加配保育者としての専門性が発揮されないだけでなく、結果的に「加配保育者と障害児」、「担任保育者とクラス集団」という分離を助長してしまうマイナスの結果となる可能性もある。

　それでは、どのように連携していけばよいのだろうか。

### （１）保育観を共有するのではなく、このクラスとしてどの方向に進んでいくべきかを共有する

　担任保育者と加配保育者の連携において、お互いに保育観が異なるため連携が難しいという問題が指摘されている。しかし、専門職連携を考えるうえで、保育観が異なっていたとしても連携をしていくことが求められるのは当然である。また、保育観とは、その保育者がこれまでの経験や知識等により長い期間をかけて形成してきたものであるため、すぐに変容することは期待できない、つまり、保育観を変容させ共有すること自体が難しいのである。そのため、保育観を共有するのではなく、そのクラスとしてどのような方向に向かっていくことが望ましいのか話し合い、共有しながら連携していくことが求められる。

### （２）どのように支援するのかではなく、課題の設定から話し合う

　これまで、特に障害児の支援について連携を図るというと、支援方法を

統一することが通常であった。しかし、保育はその場の状況によって判断をしなければならず、必ずしも支援方法を統一すれば解決できるものではない。

そこで、障害児だけではなくクラス集団として「どのような課題を設定することが適切なのか」を話し合い共有していくことで、必要な支援を判断し、クラスとして望ましい方向が定まってくる。向かっている方向が同じであれば、支援方法は異なっていても連携が図れるのである。

さらに、課題の設定を問うことにより、自由保育の方が良いのか、一斉保育の方が良いのかという方法論の議論になりにくく、保育者間の不信感につながりにくくなることも期待できる。

（3）状況を共有して、どのように課題を設定したのか事実を軸にして話し合う

どのような課題を設定するのか話し合っていくうえで、可能であれば保育場面のビデオ撮影をして、状況を共有することが望ましい。なぜなら、担任保育者の見ている場面と加配保育者の見ている場面は基本的に視点が異なっており、見え方も異なっている場合が多いからである。情報交換が重要ではあるが、その情報は相手の主観を通した捉え方であるため、事実として自分がその場面を見た際には異なった印象を受ける可能性も高いのである。

そのようなズレを解消していくためにも、両者が同じ場面を見ながら、お互いがどのように課題の設定をしているのかを話し合うことで、どの部分でズレが起きているのか、相手がどのような見方や考え方をしているのかということに気付くきっかけにもなる。そうすることで、この場面では相手はこう見たり、考えたりするだろうということが少しずつ予測できるようになり、課題の設定のズレも少なくなってくることが期待できる。

そのうえで、「課題は何なのか」に焦点を当てて話し合いをしていくのである。例えば、制作時に離席してしまった場合は、なぜ離席してしまったのかを一緒に話し合うのである。例えば、集中力が切れてしまった、興味を失った、手順が分からなくなって嫌になってしまった等離席してしまった理由を考える。ここで重要なのは、集中力が切れてしまったことに対する支援と興味を失ってしまったことに対する支援と手順が分からなくなったことに対する支援はまったく異なるということである。これが、支

援方法を統一するのではなく、どのような課題を設定するかに焦点を当てる意味なのである。ここで、座らせる方が良いであるとか座らせずにその子の主体性を大事にするという議論にしないことが重要なのである。なぜなら、座らせるのか、主体性を大事にして座らせなくてよいのかという議論は担任保育者と加配保育者の保育観の議論になってしまい、折り合うことが期待できないからである。そうではなく、実際に離席しているという事実を軸にして、その理由を探り、課題設定を共有する。集中力が切れたという理由であれば、一度気持ちを切り替えてから、再度制作に取り組めるように支援したり、遊びが一区切りした際に誘ってみたり、集中力を保つことができる朝の登園時に取り組んだりできる。支援の方法は様々であるが「集中力が切れてしまう」という課題への支援という方向性が同じであるため連携を図ることができているといえる。

### ３．加配保育者を養成するためにできること

#### （１）加配保育者が集まって事例検討を行う機会を設ける

　先述したように、加配保育者の多くは非正規雇用であるため、勤務時間内での専門性向上の機会や、他の加配保育者と悩みを共有したり、知識や技術を継承したりする機会が少ないのが現状である。そのため、まずは園内で加配保育者が集まり、事例検討をする機会を設ける必要がある。そこで、上手くいった事例や上手くいかなかった事例等を取り上げ、その際に担任保育者とどのような連携をしていたのか、どのような支援を行っていたのかだけでなく、どのような課題設定をしていたかにも焦点を当てていく。そうすることで、加配保育者としての課題設定の方法が見えてくる。それらを通して、担任保育者としてではなく、加配保育者としての考え方や支援の方法を身につけていくのである。

#### （２）担任保育者と園長や主任と保護者との懇談会を設ける

　これまで、加配保育者が担任保育者と事実を軸にどのような課題設定をするのかに焦点を当てて連携していく方法について述べた。その次には、保育場面のビデオ撮影をし、それを視聴しながら保護者を交えて担任保育者と園長や主任と加配保育者で、これまでの育ちと今後の育ちについて語る場を設ける。そうすることで、それぞれの立場からの課題が設定されるのである。もちろん、それらの課題が異なる場合も多い。しかし、その課

題が異なるということを重要視するのである。担任保育者と加配保育者だけではクラス内のみの視点であるが、園長や主任等のクラス外からの視点と自宅での生活を中心とした視点とを合わせることで、園内だけでなく就学から自立に向けての課題も設定することができる。それぞれの視点から保育場面の対象児の姿という事実を軸にして、どのような短期・中期・長期の課題設定をしていくのかを話し合い、課題を共有して保育していくことでクラス内だけでなく園内と家庭との連携が可能になるのである。

## （3）加配保育者に対する研修やスーパーバイズを受ける機会を設ける

　現状では支援内容が加配保育者の個人的力量に任せられているため、加配保育者も自身の支援が適切であるかどうかということへの不安も大きい。そこで、背中を押してくれるような専門家の支援が必要となってくる。障害児に関する研修は主に個別的な側面から論じられる心理学や医学等の分野が多いが、保育の現場は多くの定型発達児の中に少数の障害児という構造であるため、その研修内容が適用できない場合も多い。障害児を含む集団づくりをどのように展開していくかについては保育学の分野であるため、心理学や医学に加えて保育学の分野からの研修やスーパーバイズが必要なのである。その際には統合保育ではなくインクルーシブ保育を実践している園を見学することや、その園から実践例の紹介や保育者からの助言をもらう機会等を設けることが必要である。大学教員や医師だけでなく好事例の収集や保育実践を行っている保育者を含めた地域のコミュニティづくりも含めて、組織的に加配保育者の養成を行っていくことが求められるのである。

（櫻井　貴大）

注
1　内閣府（2019）「子ども・子育て支援新制度について」,68. https://www8.cao.go.jp/shoushi/shinseido/outline/pdf/setsumei.pdf
2　名古屋市子ども青少年局保育部保育企画室・保育運営課（2021）「第6章　保育所等の職員・研修等」『名古屋市の保育』,74.
3　厚生省（1974）「障害児保育事業実施要綱」,厚生省.
4　内閣府（2010）「障害児に対する支援について.第7回基本制度ワーキングチーム説明資料」,内閣府.

5　全国保育協議会（2017）「全国保育協議会会員の実態調査報告書2016.
　　社会福祉法人全国社会福祉協議会」，全国保育協議会.

6　愛知県（2022）「令和4年度　愛知県私立幼稚園特別支援教育費補助金
　　交付要綱」. https://www.pref.aichi.jp/uploaded/attachment/421021.
　　pdf

7　全日本私立幼稚園連合会（2011）『全日本私立幼稚園連合会　要覧』,35-
　　45.

8　文部科学省（2007b）「資料8特別支援教育支援員について」. https://
　　www.mext.go.jp/b_menu/shingi/chukyo/chukyo3/044/attach/1312
　　984.htm

9　文部科学省（2010a）「特別支援教育の在り方に関する特別委員会（第
　　2回）配付資料　資料9：岩手県教育委員会提出資料」.https://www.
　　mext.go.jp/b_menu/shingi/chukyo/chukyo3/044/siryo/__icsFiles/afi
　　eldfile/2010/08/18/1296501_09.pdf

10　文部科学省（2010b）「特別支援教育の在り方に関する特別委員会（第
　　2回）配付資料　資料8：千葉県教育委員会提出資料」. https://www.
　　mext.go.jp/b_menu/shingi/chukyo/chukyo3/044/siryo/__icsFiles/afi
　　eldfile/2010/08/18/1296501_08.pdf

11　文部科学省（2007c）「特別支援教育支援員を活用するために」. https://
　　www.mext.go.jp/a_menu/shotou/tokubetu/material/002.pdf

12　内閣府（2019）「子ども・子育て支援新制度について」68. https://
　　www8.cao.go.jp/shoushi/shinseido/outline/pdf/setsumei.pdf

13　櫻井貴大（2020）「加配保育者の実態調査―勤務状況・保育歴・抱え
　　る困難を中心に―」岡崎大学懇話会『地域活性化研究』（19）, 21-30.

14　櫻井貴大（2021）「障害児保育における加配保育者の専門性とは何か：
　　ベテラン保育者の加配1年目におけるリフレームに着目して」日本保
　　育学会『保育学研究』, 59（2）, 245-256.

# 第10章　（実践例）OJT を通した保育者の専門性向上

## 第1節　幼児教育施設内外で行われる研修と OJT

　幼児教育施設においては、保育者の専門性向上を主な目的として、研修や園内研究に取り組んでいく必要がある。例えば保育所保育指針では第5章「職員の資質向上」の中で、「保育所職員に求められる専門性」として、各職員は「保育所内外の研修等」を通じて「必要な知識及び技術の修得、維持及び向上に努めなければならない」と規定されている。この「保育所内外の研修等」に関しては、大別して「職場における研修」と「外部研修の活用」が示されている。前者の「職場における研修」は「日常的に職員同士が主体的に学び合う姿勢と環境が重要であり、職場内での研修の充実が図られなければならない」と示されており、後者の「外部研修の活用」は「職場内での研修に加え、関係機関等による研修の活用が有効であることから、必要に応じて、こうした外部研修への参加機会が確保されるよう努めなければならない」と示されている。

　また、保育所に限らず幼児教育施設で支援に携わる保育者や専門職は、現場での保育実践や支援を通して業務に関わる知識や技術等の習得や維持向上を図る営みである OJT（On the Job Training）を通じて、その専門性を向上させていく。この OJT に関しては、日常業務の中で行われる取り組みとともに、特定のテーマを設定した園内研究による重点的な取り組みも行われる。つまり、幼児教育施設内外で行われる研修と OJT が両輪として経営上機能するような体制整備が図られることで、幼児教育施設では保育者の専門性向上に資する学習機会が創出されると考えられる。

　本章では OJT を通して保育者の専門性向上を図り、ダイバーシティ・インクルージョン保育につながる実践に約40年間取り組んできた A 幼稚園の実践事例を手掛かりに、ダイバーシティ・インクルージョン保育につながる OJT のポイントを考えることとしたい。

## 第2節　事例から考える OJT のポイント

### 1．A幼稚園のダイバーシティ・インクルージョン保育の考え方

　A幼稚園では障害のあるなしに関わらず、どんな特性があろうと子どもは子どもの中で育つし、自分で育つという考えのもとに、保護者と協力しながらその子どもたちの育ちを支援してきた。後から考えると、より良い

方法や関わり方があったとも考えられるが、その時その時を一生懸命考え最も良いと思われる方法で、その子どもたちを含め強く賢く生きる力を身に着けさせることを考えて、保育実践に臨んできた。本章のさまざまな事例から、その時その時に子どもたちの気持ちはどのようなものであるかということに思いを馳せ、それに即した発達につながる支援を考え、そのために必要な知識や技術を学び、より良く支援する力を身につけるということを考えるきっかけになれば幸いである。

　ダイバーシティ・インクルージョン保育はどうあるべきか、どのようにすべきかと大上段に振りかぶって論じるのでなく、実際の子どもたちの生活する姿の中でこの子たちが生活しやすくなるためには、より楽しく活動に取り組めるようにするためには、この子たちのプライドを守り、自己肯定感を向上させるために必要な支援は何か、健常児と区別することなく一人ひとりのウェルビーイングを考えたうえでの保育実践はどうあるべきかを考えたい。

### ２．気管切開して話せないM

　Mが保護者（母親）に連れられて来園したのは、夏休みも終わろうかという８月の末だった。Mは呼吸を確保するために生後すぐに気管切開しており、20 〜 30 分おきに痰をとってやらないと呼吸困難に陥るとのことから、保護者は「生まれてからずっと面倒を見てきたのでゆっくり寝たことがない」と言ってみえた。発達の遅れがあり、４歳になってようやく歩けるようになったばかりであった。また、医師からも「気管切開しているので喋ることはできない」と言われているとのことであった。

　保護者は「せっかく生まれてきた命なので、産まれてきた喜びや生きている幸せを味わわせてあげたいと思っています。こんな子どもですが預かってもらえますか。近隣の全部の施設、幼稚園、保育所を回ったけれど全て断られました。ここが最後なんです」とこれまでの経緯を説明した。そして最後に「こういう子どもたちの多くは５〜６歳で死んでしまうみたいです」と語った。

　その瞬間考える間もなく、A幼稚園の園長である私の口から「分かりました。何とかしましょう」という言葉が出ていた。言ってしまってから、良い援助ができるだろうか、呼吸困難に陥ったらどうしようと少し不安になった。そこで、「痰を拭き取ることは医療行為なので保育者ではできま

せん。お母さんと一緒の親子登園をしていただけますか。お母さんが園で
痰をふき取っていただけますか」という条件を提示し、Mは入園すること
となった。当時のMは体格的にも運動機能も未熟で、コミュニケーション
能力も低いため、実年齢の4歳クラスでは無理であろうと考え、A園では
一つ下の3歳児クラスに編入させ、じっくりと育てていく方針をとった。

　入園後のMは毎日楽しそうに登園し、保育室でもニコニコの笑顔で過ご
していた。保護者も自分の子どもであるMの面倒を見るだけでなく、担任
を補助して他の子どもたちにも関わっていたため、担任保育者は「大いに
助かっています」と述べていた。Mは保育室内を動き回ることができるよ
うになり、いつの間にか歩けるようになっていった。また、Mは気管切開
のため声を出すことができず、そのため友達とコミュニケーションをとっ
ているような場面は見受けられないものの、友達がおしゃべりを楽しんで
いる横でニコニコと話を聞いている様子が見られた。

　ある日、園長がMの在籍する保育室に行ったときに、先述のように医師
からは「喋ることはできない」と断言されていたにもかかわらず、Mが友達
と楽しそうにしゃべっている姿を確認した。ハスキーボイスであったもの
の、Mは一生懸命声を作りだして友達としゃべっていたのである。その後
病院で診察を受けた際に、「医者からは奇跡だと言われた」と保護者は述べ
ていた。「友達とコミュニケーションがとりたい」「何とかして自分の思い
を友達に伝えたい」という思いから、喋れないといわれた身体に自ら工夫
をこらして声を作り出したと考えられる。子どもは可塑性が高いといわれ
ているものの、A幼稚園では人間の持つ可能性の大きさに驚かされると同
時に、ともに生きる仲間の存在、ストレスのない自分らしくいられる保育
環境（特に保育者の子どもたちに対する肯定的理解）が子どものより良く
生きたいという思いを増幅させていると考えた。「人間は無限の力を持っ
ている」とよく言われるが、Mの事例からまさにそれを実感することがで
きた。

　その後、Mの就学に向けて進路を考える時期になった。保護者は地元の
小学校への入学を希望していたものの、教育委員会からは「それは受け入
れられない」ため、片道1時間もかかる遠方の養護学校（今日の特別支援学
校）に通うようにいわれたとのことであった。保護者は「そんな遠いところ
まで毎日送り迎えはできないから」と、粘り強く地元の小学校に働きかけ
を行った。当時地元の小学校の校長であったT校長に事情を詳しく伝えた

ところ、T 校長はすぐにあちこちに働きかけを行い、最終的に地元の小学校への入学許可が得られた。

　M は就学後も発達の遅れがあるため、運動会では最後に一生懸命一人で走ってゴールするような状態ではあったものの、だれよりも大きな拍手を皆からもらってニコニコ顔でゴールしていたとのことであった。その後、M の健康は回復していき、気管切開してあった喉を閉じる手術も受けたとのことであった。M は 5 〜 6 歳で亡くなるどころか、元気いっぱい小学校生活を楽しんでいったのである。

### ３．療育機関に通っていた N

　N には 2 歳年上の姉がおり、姉は A 幼稚園に在籍していた。A 幼稚園では妹の N も 3 歳になったら入園申し込みがあると予測していたが、一向に入園の申し込みはなされなかった。A 幼稚園の保育者は、何か園に不満があるので N を入園させないのだろうかと心配していた。ただし、姉の降園時には、保護者と N が A 幼稚園を訪れ、N が砂場や遊具で楽しく遊ぶ姿は見られていた。そのため、A 幼稚園で楽しく過ごせているものの、他園に通っていることに関しては、何かに不満を持っているからなのだろうと、A 幼稚園では思っていた。

　そのような中で、N が年中（4 歳）児の年齢の秋に、N の保護者から次のような依頼が A 幼稚園になされた。「実は、妹の N には障害があって施設に通っているのです。でも、施設では周りは喋れない子ばかりなので、その中にいてもしゃべれるようにならないと思います。ご迷惑をおかけしますが、小学校に上がる前の最後の一年だけ、この園に入れてもらえませんか」

　保護者からの依頼を受け、保育者は「そういう事情があったのか」とすべてに合点がいき、もちろん普段の様子を知っているため、二つ返事でお引き受けしますと応えた。

　N は会話は苦手なものの、他の面では他の子どもと同じように楽しく園生活を送っていた。保育者はしっかりした姉と優しい保護者に丁寧に見守られ、育ちが支えられているのだなと思った。お正月休みが明けたある日、子どもたちの様子を園長が保育室に見に行くと、保育室の真ん中で何人かが何かを囲んで座っていた。園長が「何があるのかな」とのぞきこむと、5 人の子どもたちと N がカルタで遊んでいる場面であった。

　この場面では、なんとNが読み札の束をもってニコニコしていた。園長は「まさか、Nちゃんが読み手？ちゃんと会話できないのに読み札を読むなんてできない、あ～どうしよう、どうなっちゃうんだろう、どうやって助けてあげたらよいのだろう」と考えていたところ、Nは大きく息を吸い込んだと思うと、大きな声で「まー！」と発声した。すると今か今かと構えていた子どもたちが必死の形相で取り札を探し、「あったー」とある子が札を取った。先の園長の心配は取り越し苦労であった。子どものカルタ遊びは最初の一文字が分かれば成り立つため、読み札を全部読まなくても良かったのである。一緒に遊んでいる子どもたちの、障害があるからと仲間はずれにするのでなく、同じクラスの仲間として対等に付き合い遊ぶ姿がこの場面では見られた。園長はこの姿に感動し、目頭が熱くなった。そして、子どもたちの優しさと分け隔てのない考えに対して、いがみ合ったり、差別したりする大人たちの姿に情けなさを感じた。

　その後、Nは小学校特別支援学級に進学し、発表会でもニコニコと力いっぱい発表する姿を見せてくれた。その姿から園長として、きっとNなりに充実した学校生活を送っているのだろうということを思わされた。

## 4．座って笑うことしかできないK

　Kは3歳でA幼稚園に入園してきた。入園時にはまだ歩行がふらつくため、転倒時の頭部保護を目的にヘッドギアーをつけて生活していた。Kの保護者は「発達が遅れているので皆と同じことができなくて園にご迷惑をおかけするかもしれない」と話しながら、「1歳のころの写真です」と丸いビニールプールの中に座り笑みを浮かべているKの姿を見せてくれた。医師からは「この子は座って笑うことしかできない」と言われているとのことであった。保護者は優しいもののKには厳しく接しており、靴の着脱等で甘えてきても「自分でやりなさい」ときつく突き放していた。保育者としては「少し厳しすぎるかな」とも思うものの、保護者は「これぐらいのことは自分でできるようになっていかないと生きていけませんから」と強い信念を持っていた。

　Kが年少から年中に上がるときにKの保護者から「どこの保育室になるか」と質問された。保育者が「2階の奥の部屋ですよ」と伝えたところ、保護者の顔がみるみる暗くなり、下を向いて小さな声で「まだ、この子には階段を上る力がないのです」と言った。保育者として「あぁ、しまった。そ

こまで配慮してあげられてなかった」と後悔したものの、幼稚園としてすでに教室配置を決め、公開もしているため、変更はできなかった。そのため「さて、困ったどうしたものだろう」と考え込んでいたところ、保護者は「分かりました、私が手を引いて毎日上り下りします」と言った。保育者としては申し訳ない気持ちでいっぱいになったものの、仕方ない状況であった。Kが毎日保護者の手と手すりにつかまって上り下りする姿を見るたびに、保育者としては申し訳ない思いになった。保護者が登園に付き添わないときには、Kの友達がKと手をつなぎ、手助けしながら一緒に階段を上り下りする姿が見られるようになった。

　Kは運動会も苦手としていた。Kはどれだけ頑張っても一緒に走る子どもたちに大きく引き離され、衆目の視線を一身に集めながら一人で走ることが辛かったのだと考えられる。Kはかけっこの練習にはしぶしぶ参加していたものの、いつもみんなから大きく遅れていた。運動会の当日も浮かない顔で出番を待っていたKであったが、ついに出走順が回ってきた。「よーい、ドン！」とスタートの合図を出したところ、スタート地点がやたらごちゃごちゃしていた。みんなが走り出した一番後からTが職員に手を引かれながら、ときには抱っこされながら走り出していた。Tはスタートのときに転倒し、泣いていたようであった。Kはそのような状況も気にせず、マイペースで走っている。そして、最後まで走り切り、ニコニコの笑顔でゴールインした。いつも絶対にどんなにがんばってもビリで悔しい思いをしていたKが運動会当日の晴れの舞台でビリを回避できた喜びはいかほどのものであったか。Kのプライドが守られた出来事であった。

　Kにとって幼稚園は、保育室に行けば仲の良い友達と楽しく遊べる場所である。その思いがあるからこそ、Kは大変でも自分の足で一生懸命階段を上っていったと考えられる。また、保護者が不在のときは、友達が手助けしてくれたこともKにとっては大きな喜びであったと考えられる。他の子どもたちはKを同じクラスの仲間として認め、足りない所は補助していた。まさしく、ダイバーシティ・インクルージョン保育の姿がそこにはあったのである。

## 5．考察

　A幼稚園ではこのM、N、Kのような事例は、数えあげればきりがない。A幼稚園では子どもに対してこうでなければならないという縛りが緩く、

　毎日を楽しく意欲的に活動することでよりよく育つと考えているため、子どもたちが自由に振舞えるところに自分らしさを発揮して活動できているのだろうと思われる。そこでは、人の原点を感じることができるのである。

　例えば、一緒にいる人は仲間であり、仲間と一緒に遊ぶことは楽しいのである。そのため、仲間に入りたいという子どもの思いが、A幼稚園の保育実践ではストレートに反映できていると考える。しかし、上手くいった事例ばかりではない。園側や保育者が気づかずに、子どもたちや保護者の心を傷つけてしまったこともあったことと思われる。子どもの発達に対して、まったく無意味な支援もあったと思われる。A幼稚園として子どもたちの姿から学んだことは、子どもたちは障害があろうがなかろうが差別せず個性としてありのままを受け入れている。まさに、ダイバーシティ・インクルージョンな生活を実践しているのである。ダイバーシティ・インクルージョンな生活に関しては、子どもの世界の方が進んでいると感じることがある。

　コミュニケーションの取れないNが友達と楽しくカルタ遊びができたのは、Nをそのまま受け入れてくれた友達の存在があればこそである。歩く力の弱いKが友達に会いたくて、遊びたくて、一生懸命階段を上り下りしたことも同じである。Mに至っては、医師の見立てを覆すほどの発達の力を見せていた。これらの子どもたちの姿から、いわゆる障害児または特別な支援を要する子どもたちは劣っていたり、特別な存在であったりするわけではないことは明らかである。スキップが苦手で大人になってもできない人がいたり、自転車にうまく乗れなかったりする人がいるのと同じように、ただ少しみんなと同じように注意を向けたり、話を理解したりすることが苦手なだけである。

　これらの事例から、①子どもはどんな子どもでも育つこと、②育ちの早い遅いはあるにしても同じ発達の道筋を通って育つのだということ、③同じ障害はなく、一人ひとりその程度内容が異なっており、一人ひとりに対して発達と支援を深く考える必要があること、④環境、特に人的環境が人としての育ちに大きな影響を与えていることが察せられる。さらには、その関わる人たちが優しさと思いやりに満ちた温かい人間性を備えていることが大切であると考えられる。統合保育という障害児保育の制度においては、障害児と健常児とを便宜的に境界を決めて対処しているが、子どもたち自身は一人ひとり違っているのが当たり前であり、境界が存在すると考

えていないと思われる。

## 第3節　ダイバーシティ・インクルージョン保育における OJT

　障害のある子どもたちや特別な支援を要する子どもたちの発達支援に携わる保育者、保護者等の養育者は、子どもたちの発達のばらつきを個性として捉え、優劣や発達の遅速を問題とするのでなく、その存在を善として捉え、惜しみなく愛情を注ぐことのできる人間味あふれる人格の持ち主であることが望まれる。そのことにより、当該児は自己肯定感を育むことができるのではないだろうか。また、しっかりしたアタッチメント対象が家庭でも幼児教育施設でも確保できていることにより、子どもはさまざまな活動に主体的に取り組むことができる。主体的に取り組む活動であることで、その過程で集中力や忍耐力、最後までやり遂げようとする心の育ちも期待できる。いわゆる非認知能力の育ちを期待することができるのである。

　明らかな障害を有していたり、特別な支援が必要な子どもたちは上記の例のように、その子その子にとって必要とされる支援の方法や内容が異なっている。同じ自閉症スペクトラム障害と診断されたとしても、あえて分類するならその広い概念の中に位置づけられるだろうという程度に過ぎない。貴重な育ちの時期である乳幼児期をその子どもにとって意味あるものにするためにも、一人ひとりに応じた支援が考えられるべきであると考えられる。

　そのための OJT では、一人ひとりの発達をしっかりと把握したうえで目指すべき方向を決定し、それに沿った支援計画を作成し、それを達成するために必要な知識技術は何かを考えて学んでいく必要がある。そのためには、ベテランの保育者の豊富な経験だけでなく、まだ経験の浅い保育者の新鮮な視点も大切となる。そして、その向かう先は健常児に近づけるという発想ではなく、その子がその子らしくこの世界で幸せに生きていくために必要な能力は何かという視点で考えられるべきであることは言うまでもない。また、方法については、事例を基にしたカンファレンス方式が具体的な対処方法や基本的な考え方を知るうえで有効であると考える。講義式の研修はともすると「そうか、なるほど」と思うことがあっても実践に結び付きにくいと思われる。OJT は幼児教育施設内外で行われる研修と組み合わせて学習を深めることで、専門性の向上へとつながるのである。

　いわゆる障害のある子どもたちは、障害をもって生まれたいと思ったの

だろうか、その保護者は障害のある子どもを産みたいと思ったのだろうか
と考えるとき、誰一人としてそのようなことは思わないだろう。ところが
自然界では障害は必ず一定の割合で出るらしいといわれている[1]。一人ひ
とり顔が違うように、脳の構造や神経細胞の働きの強弱にも個人差があり、
それが感受性等の差になり、個人差として出現する。ある程度の差までは
健常と認め、ある一線を越えたところから障害と考えることは、教育行政
上で合理的であるといえるかもしれないが、私たちの目指す社会はそうい
う考え方の社会ではなく、どの人もどの人もその人らしく輝き生き生きと
人生を送ることのできる社会、ウェルビーイングの社会であり、それをま
ず自分の保育で、園で実現して広げていくという考え方が大切と思われる。
子どもの心に寄り添った温かい支援こそが子どもの人間性を育てる。保育
者としてあるべき姿を考え直すきっかけとしていただけたなら何よりの喜
びである。

（平田　兼久）


注
1　滝川一廣（2003）「精神発達とは何か」『そだちの科学』（1）, 2-9.

# 第 11 章　（実践例）園内協働体制の構築事例

　保育は担任一人で行うものではなく、園の職員全体における情報共有や連携等、協働体制が整っていることで、子どもへの丁寧な関わりを実現することができる。そのような園の協働体制は、子どもにとって安心・安全で充実した園生活につながるだけではなく、担任の孤立を防ぐものであるともいえる。本章では、身体的な障害のある A への園の対応から、園内協働体制構築の過程や、その重要性について考える。

## 第 1 節　職員間の協働体制の重要性

　「協働」とは「同じ目的のために協力して働くこと」を意味する。保育者同士の協働については、保育所保育指針や幼稚園教育要領等の解説の中に、関連する内容が記載されている。

　例えば、保育所保育指針解説では「第 1 章総則　3 保育の計画と評価（3）指導計画の展開」の解説において「保育所は、さまざまな年齢や状況の子どもたちが一日の大半を共に過ごす場であり、一人一人の子どもに細やかに対応し心身の健やかな発達を支え促していくうえで、職員全体の連携や協働は欠かせない」と記載されている。

　また、幼稚園教育要領解説では「第 1 章総説　第 1 節幼稚園教育の基本」の解説「5 教師の役割　③教師間の協力体制」において「幼児一人一人を育てていくためには、教師が協力して一人一人の実情を捉えていくことが大切である」と示されており、多様な子どもたちを同時に見ていくためには、教師同士が日頃から連絡を密にすることの必要性が書かれている。さらに「日々の保育を共に振り返ることで、教師が一人では気付かなかったことや自分とは違う捉え方に触れながら、幼稚園の教職員全員で一人一人の幼児を育てるという視点に立つことが重要である」と書かれている。

　保育・幼児教育の現場は、多様な子どもたちがともに過ごしており、特に子どもたちが自らやりたいことを見つけて遊ぶ時間には、年齢やクラスが混ざった状態で遊ぶことも多い。室内・戸外で遊ぶ子どもたちが誰とどのように遊んでいるのか、どのような心の動きや成長があるのか、ということを、担任一人だけで同時に把握することは難しい。

　保育所保育指針等に書かれている内容から、保育・幼児教育においては、子ども一人ひとりの実態を把握し、健やかな育ちを支えるために、職員の

協働体制が整っていることが重要であるといえる。

　しかし現場の実態としては、協働体制が重要であることは理解しつつも勤務形態の多様化や業務の多忙化等の事情から、研修や会議のための時間を確保する難しさや、特に新任保育者においては「どの時間に相談をすればよいのか分からない」という悩みを抱える場合もあるだろう。

## 第2節　職員間における入園前の方針検討
### 1．事例内の園について

　本章で紹介する園は、幼稚園と保育所が敷地を共有している幼保一体型の施設である。ここでは0歳児から3歳児は保育所に在籍し、4歳児以上は幼稚園に在籍している。職員は保育所・幼稚園で分かれており、園長・所長や主任も各施設に1人ずつ配置されている。当時の幼稚園の規模は年中（4歳児）1クラス、年長（5歳児）1クラスであった。幼稚園と保育所とに分かれてはいるが、遊ぶ時間には園庭を共有したり、一緒に行事に参加したりする機会もあり、月に一度は幼保合同の職員会議が開かれていた。

　幼稚園・保育所のすぐ隣には小学校・中学校・高校があり、定期的に保育所から高校までの職員が集まり、幼稚園・保育所の子ども、小学校の児童、中学校・高校の生徒の情報共有を行う他、研修等、校区内に保育施設・教育施設が集まっていることを生かした取り組みが行われている。幼稚園を卒園した子どもたちの多くは、同校区の小学校・中学校へ進学するため、卒園後も幼稚園時と同じ仲間と過ごすことになる。

　Aは、この園の幼稚園に4歳児として入園することになった。

### 2．Aの入園に向けた検討内容

　Aは左腕の肘から先が先天的に欠損している。このことについては、園の方針としてどのようにAに関わるのか、さらに他児との関係づくりをどのように進めていくのかがAの入園前から検討された。Aはこれまで家庭内で過ごしてきたため、幼稚園が初めての集団生活であるのに対し、他の子どもの多くは幼稚園付近の保育所から入園するということもあり、他児よりも集団への戸惑いが多いであろうAが、初めての幼稚園に慣れることをまず考える必要があった。

　筆者はAが幼稚園に入園したときから卒園までの2年間Aの担任をしており、園長や主任、副担任やAの介助員等とともにAへの関わり方を考え

た。検討にあたり、入園前の段階で保護者も来園し、Ａのこれまでの様子
や園生活の中で困難になると予想されること、その一方でＡが自分自身で
できること、そして保護者が抱える不安や、Ａの育ちへの願い等を聞き取っ
た。この聞き取りには、園長・主任・担任・Ａの介助員が同席し、職員会
議で他の職員にも共有された。保護者の話を参考に、まずはＡが安心して
園で過ごせるようになることや、Ａ自身の力でできることを自分ですること
とで自信や意欲を育てていくことが決められた。また、一緒に生活する周
囲の子どもたちへの保育者の対応が、Ａへの印象に大きく影響すると考え、
「子どもからこのような質問が来たらどう答えるか」「どの場面でＡの行動
を援助するか」等が話し合われた。子どもからの質問への返事については、
保護者の意向を尊重し、保護者が使用した言葉を返事の中に取り入れるこ
とを保育者間で共有し、園全体でＡや子どもたちへの関わり方を統一する
ようにした。

　職員全体への情報共有は園長主導で行われた。事前に方針を確認できた
ことで、保育者全員、特に担任は不安感を軽減することができたと考える。
前述のように、保育・幼児教育では子どもに対して担任以外の保育者が関
わる場面も多くある。また、担任が新任保育者のように経験の浅い場合、
見通しを持てず、どのように関わればいいのか分からなかったり、他の保
育者とどのように協力して子どものことを見ていけばよいのか迷ったりす
ることもあるだろう。特に個別の配慮が必要な子どもの場合は、園長等の
保育者を取りまとめる立場にいる者が主導して方針を決め、保育者全体で
アイデアを出しながら考え合うことで、経験の浅い保育者も安心して子ど
もに関わることができるとともに、関わり方のレパートリーを広げ、より
良い関わりができるようになると考えられる。

## 第３節　日常的な情報共有の重要性
### １．入園直後の課題と仲間関係の構築

　Ａは入園当初から、初めての集団生活に緊張した様子で、登園時には保
護者と離れにくく、泣くこともあった。また、担任や介助員等、保育者に
対しては早くに慣れたものの、基本的には左腕を他者に見られることを気
にしており、周りの子どもたちに対しては服の袖や背中に腕を隠す姿も見
られた。

　そして予想されたとおり、Ａに会った子どもたちから「なぜ？」という

声がクラス内外で聞かれた。その際、事前に対応を相談しておいたおかげ
で、全ての保育者が同じ返事をすることができた。子どもたちにとって、
障害のある子どもを初めて見て「なぜ？」と思うのは自然なことである。し
かし、その問いに対して保育者によって異なる返事をしたり、その話題に
触れることを責めるような雰囲気を作ったりすれば、子どもたちは戸惑っ
たり、偏見を持ったりするかもしれない。Ａが安心して園で過ごすために
は、周りの子どもたちがＡのありのままの姿を知り、一歩ずつ関係を深め
ていくことが重要であると考えられた。そのため、Ａに対する関わり方だ
けではなく、周りの子どもたちへの関わり方についても時間をかけて検討
するようにしていた。

　第１節でも触れたように、保育・幼児教育の場では担任のみで全ての子
どもたちの状況を把握することは難しい。特に別年齢のクラスであれば、
子どもの呟きを拾うことも難しいだろう。この事例では園内の情報共有の
体制があったことで、Ａや周りの子どもたちについて幅広く状況を知るこ
とができた。それが可能になったのは、定期的な職員会議での情報共有に
終わらず、日常的に情報共有を行っていたためだと考える。特に、Ａの入
園直後は意識的に情報共有と自分たちの関わり方の確認を繰り返し行って
いた。事前に質問を予想し、対応を考えてはいたものの、園生活が始まる
と予想外の反応が出ることもあった。そのため、保育者間での日々の情報
共有は欠かせないものであった。

　園長・主任・担任・介助員だけではなく、他職員とも方針を共有し、互
いに情報を伝え合うことで、一貫性のある関わりができるようになる。こ
のような関わりは、個別の配慮が必要な子どもと、周りの子どもたちに安
心感を与えると考えられる。実際に、情報共有を繰り返しながら保育者全
体でＡや子どもたちに関わることを通じて、同じクラスの子どもたちも、
年長児の子どもたちも、Ａの障害について質問する声は減り、戸惑う様子
も減っていった。また、Ａと子どもたちとの関係が深まるにつれて、Ａが
園生活の中で左腕を隠すことも減っていった。

## ２．初めて経験する活動への挑戦

　身体的な障害のある場合は、活動内容や使用する道具に合理的配慮が必
要なことも多い。しかし、困難と思われる活動を経験しないことで成長の
機会を失う可能性もある。また、困難を乗り越えることがその子どもにとっ

て自信となることも多い。Aが園生活を送るうえでも、新しく取り組む活動のたびに、どのようなところでつまずくのか、どのような援助があれば活動に参加できるのか、園内で検討を繰り返した。

　例えば、年長児のときにクラスの子どもたちが短縄跳びで遊ぶようになり、Aも挑戦することになった。しかし、Aは左肘付近から欠損しているため、そのままでは縄跳びの持ち手を握ることができない。A自身は以前から何事も「やってみたい」と言い、さまざまなことに挑戦しており、周りの仲間と同じ活動をできることがAの自信にもなっていた。短縄跳びについてもAの挑戦を実現するために担任や副担任、介助員を中心に、どのような方法で縄跳びの持ち手を持てるようにするのか検討した。日々さまざまな道具を試し、保育後には介助員や副担任とともにその日の方法について振り返り、Aなりに縄跳びを跳べる方法を探っていった。最終的に腕にバンドを巻き付け、縄跳びの持ち手を固定する方法で縄跳びができるようになり、Aだけではなくクラスの子どもたちも一緒になって喜んだ。

　入園前に関わり方の方針を検討したときから一貫して、Aが挑戦しようとする気持ちを尊重することで、さまざまな活動の楽しさや面白さ、達成感を味わい、生き生きと園生活を送ってほしいという思いが保育者内で共有されていた。縄跳びだけでなく、運動会のリレーや小道具を持って踊るダンス、正月のコマ回し等においても、介助員からAの具体的な姿や思いを聞きながら活動に参加する方法を検討したり、園長・主任から過去の事例を聞いたりする等して、ともに考えていった。

　Aのこれまでの育ちを生かして活動に参加できる方法を考えたことが、保育者の願いどおり、Aが目標達成の充実感を得て、他の活動にさらに意欲を持つ姿につながったと考える。それだけではなく、周りの子どもたちもAの挑戦を見ることでAを応援したり、できるようになったときには一緒に喜び合ったりする関係へと変わり、子ども同士の集団のつながりとなった。

## 第4節　就学に向けた情報共有
　年長児になると就学が意識されるようになる。特にAについては小学校に情報を引き継ぐにあたり、これまでの経験の中で何がどこまでできるようになったのか、どのような場面では補助が必要なのか、クラスの仲間たちとの関係性はどうか等を丁寧に伝えなければならない。常にAの側で個

118

別支援をしていた介助員と話し合うことで、状況を具体的に確認することができた。また、園長や主任とともに、小学校生活で予想される課題を確認した。そして小学校との引き継ぎ時には、さまざまな生活面の動作、友達関係、集団環境において配慮すること、本人の性格等を伝えた。本人の身体的な特性上、動作的なこと、他者への対応については詳しく伝える必要があったため、介助員が把握している具体的な状況や、担任が把握しているＡの育ちを中心に引き継ぎを行った。

　また、幼保小接続の一環で、年長児が１年生と一緒に小学校を見学する機会もあったが、このときにも事前に打ち合わせをすることで、Ａへの対応を共有するようにしていた。なお、今回の園では、多くの子どもたちが保育所・幼稚園・小学校を同じ仲間たちで過ごす環境のため、１年生は年長時にＡのことを知っており、Ａへの関わりに戸惑うことは少なかった。

## 第５節　園における情報共有の場

　現在、保育者の業務内容は増加し、多忙化していることに加えて、勤務形態も複雑である。そのような中で、保育者同士が子どもたちの情報共有をする時間を確保することも、園の課題となると考えられる。本事例では、Ａへの関わり方の方針を決める場合のように、個別の保育者の考えを知り、保育者全体で考えていきたい場合には職員会議で検討した。また、それだけではなく、Ａと他児との日常の出来事等は、保育後の休憩時間等に少人数で話をすることもあった。特に介助員とは「今日はこのようなことができた」「今日はこのようなところで困っていた」「今日の活動でＡはこのような様子だった」等、頻繁に情報共有を行っていた。また、職員室で事務作業をするために園長・主任・担任が集まったときに、他のクラスの子どもたちとＡとの関わりが話されることも多かった。なお、このような時間にはＡの話だけではなく、子どもたちのさまざまな話が共有されていた。

　また、個別の指導計画は、Ａの状況を介助員と確認しながら作成した。その際、介助員がＡの様子や関わりについて毎日記録していたことが、Ａの発達や課題を理解するうえで役立った。これらの資料は、Ａが今必要としている支援や、現在の方針を継続していくべきなのか、あるいは修正していくべきなのかを確認・検討するための材料となった。個別の指導計画があることで、その子どもについての情報を園内で共有し、蓄積していくことができる。本事例では入園から卒園まで一貫して筆者が担任をしていたものの、進級時に担任が変更となる場合もある。その際、個別の指導計

画を見ることで、より具体的に支援内容を引き継ぐことができる。担任以外の保育者にとって、日々の園生活で遊ぶ姿を見ることはあっても、その姿から支援がどのように進められているのかを知ることは難しい。個別の指導計画を共有することで、現在の支援の状況を知ることができ、子どもの姿が理解しやすいと考えられる。例えば、支援の内容によっては「このような場面では見守る」ということもある。支援の方針が共有され、蓄積されることで、担任以外の保育者がその子どもに関わる際に役立ったり、他のクラスの子どもたちへの言葉掛けにも活用されたりする。多忙な業務の中で、常に園全体の保育者で個別の指導計画を共有するということは難しいと考えるが、定期的に職員会議やケース会議等で支援や配慮について共有することで、園の協働体制にも生かされるだろう。

　保育・幼児教育の現場においては、早番・遅番あるいはその他の勤務区分がある他、延長保育・預かり保育を担当する必要がある等、全職員が集合する時間を取ることが難しい実態もある。そのため、頻繁に職員会議を開くことは難しいと考えられる。しかし、保育が終わった夕方の時間のような日常の短い時間を使って、保育室や職員室等で話をすることは実行しやすい。また、子どもの発達や支援に関する気づきは、事務所等に誰でも記入可能なノートを用意したり、付箋に書き込んでシート・模造紙等に貼り付けたりすることで共有することも可能である。保育者の日常的な振り返りに着目した研究では、日常の話し合いにおいて、保育場面の語りを循環的に省察することによって専門性の向上が生じるとされている。ただし、そこには振り返りの促進と子どもに寄り添う両方の視点が不可欠であるとも指摘されている（三山・五十嵐, 2020）。日々の話し合いや研修の積み重ねによる、子どもへの理解を深めようとする姿勢を前提にして、保育者同士の日常の会話を大切にすることや、会話がしやすい雰囲気を作ることも、職員の協働体制を構築するうえで重要となる。

## 第 6 節　園内の協働体制構築のポイント

　本事例における、職員の役割は以下のとおりである。

担任：会議で検討された方針に沿ってＡに関わる。また、Ａとクラスの仲間をつなげる。Ａに関する情報を園内で共有し、今後の対応を検討する。保護者への主な窓口となる。

介助員：Ａのそばで見守り、できることや困り感を探りながら、Ａを個別に援助する。Ａの様子を日々担任に共有する。

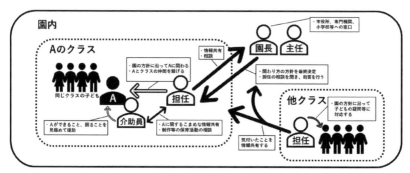

図 11-1　本事例における園内の職員体制のイメージ図　（濱口作成）

園長・主任：職員の考えをまとめ、Aへの関わり方の方針を最終決定する。
　　　　　担任の相談を聞き、助言する。市役所、専門機関、小学校等
　　　　　への窓口となる。
他職員：園内で共有されたことを意識してAに関わる。Aへの関わり方で
　　　　迷ったことや、子どもたちからの気になる発言があれば、担任や
　　　　園長・主任に共有する。

　入園前からAへの関わり方や、周りの子どもたちへの対応を予想される
範囲で決めていたが、実際にはそれだけでは対応しきれないこともあった。
そのたびに園長等に相談し、より適切な関わり方を考えていった。

　当時、担任であった筆者は保育者としての経験が浅く、Aが入園するこ
とを知った際には、自分だけで対応できるのかどうか不安もあった。しか
し、入園前の段階から園全体でAのことを考え、対応を検討できたことは
保育への安心感につながった。

　また、一人で担任をしている場合、クラスの子どもたち全員の言動を把
握するのは難しいが、他の職員から日常的に情報が共有されたことで、A
自身やAと周囲の子どもたちとの関係性の理解が進んだ。職員同士が子ど
もたちのことで気付いたことを伝え合う習慣が重要であるとともに、どの
職員も情報を発信しやすい園の人間関係や雰囲気が大切である。

　本事例で説明してきたように、園内の保育者全員が同じ方針で一貫性を
もって関わり続けたことや、日常的な情報共有によって子ども理解を深め
ることは、Aが安心して園生活を送るだけではなく、周囲の子どもたちが
自分とは異なる他者の存在や一人ひとりの個性を受け入れる雰囲気を作る
ことに影響したと考えられる。職員全体で同じ関わりをしたからこそ、A
と同じクラスだけではなく別の年齢のクラスの子どもたちも、クラスの担
任を通じてAの良さを知る機会となった。

　幼稚園教育要領解説の「第 1 章総説　第 5 節 1（1）障害のある幼児など
への指導」の解説部分には「教師の理解の在り方や指導の姿勢が、他の幼児
に大きく影響することに十分留意し、学級内において温かい人間関係づく
りに努めながら、幼児が互いを認め合う肯定的な関係をつくっていくこと
が大切である」と記載されている。障害のある子どもに対して、どのよう
な視点で子どもを理解するのか、どのような言葉掛けをするのか、周りの
子どもたちからの言葉に対してどのように応えるのか、これらの保育者の
毎日の姿勢が周りの子どもたちに伝わり、障害のある子どもへの理解につ
ながる場合もあれば、逆に偏見につながる場合もあることを意識する必要
があるだろう。実際に、本事例では A のありのままの姿を受け入れること
や、挑戦する気持ちを尊重する保育者の関わりが周りの子どもたちにも大
きく影響したと思われる。子どもの情報共有は A についてのみ行われてい
たわけではなく、他の子どもについても気付いたことがあれば共有するよ
うにしていた。園にいる全ての子どもを職員全体で見ていこうとする姿勢
があることで、子どもの姿を多様な視点から分析し、理解を深めることに
つながる。つまり、この事例のような取り組みを行うことは、施設での子
ども理解を深めることにもつながるのである。また、共有は「会議」と呼ば
れる場だけではなく、保育後の休憩時間等、何気ないときにも行われてい
た。園長や主任等の主導のもと、職員同士が話しやすい雰囲気を作ること
が求められるとともに、保育者自身も積極的に自分の思いを発信・共有し、
協力しようとする姿勢を大切にしたい。
　複雑化・多忙化する園の実態がある中でも、子ども一人ひとりの理解を
深め、より質の高い保育・幼児教育を実現するために、日常の時間を有効
活用しながら丁寧な情報共有を促進し、保育者全員で同じ方向を向き、連
携・協力して子どもたちに関わる協働体制の構築が求められる。

（濱口　実紗希）

引用・参考文献
・ 文部科学省（2018）『幼稚園教育要領解説　平成 30 年 3 月』フレーベル館 .
・ 厚生労働省（2018）『保育所保育指針解説　平成 30 年 3 月』フレーベル館 .
・ 内閣府（2018）『幼保連携型認定こども園教育・保育要領　平成 30 年 3
　月』フレーベル館 .
・ 三山岳、五十嵐元子（2020）「日常の保育カンファレンスにみられる学
　びの構造」日本保育学会『保育学研究』58（2-3 合併号）,131-142.

# 第12章 （実践例） 保護者相談支援のための組織づくりとその運用

　保育者が発達障害児を保育する際に、「保護者にどのように伝えたらよいのかわからない」「他児の保護者にどのように伝え、理解を求めればよいのかわからない」「保育者が気になると捉える言動を保護者が問題だと思わない、受け入れない」「協力が得られない」ことに困難を感じていることが多いという調査結果がある。

　本章では、それらの困難を参考に、元私立幼稚園の園長としての立場から、ダイバーシティ・インクルージョン保育を目指す際に、必要な保護者相談支援のための組織づくりと、その運用をおこなった事例（実際の事例を参考にした仮想事例を含む）を説明する。まず第1節で、保護者相談支援における課題が明らかになった事例を説明し、その後どのように改善し、組織づくりを行ったのかを順序立てて説明する。

## 第1節　組織改革のきっかけとなった事例
### 1．父親への支援がきっかけになった事例
（1）事例の概要

　Aの発達に関して、年少時より担任はなんとなく気になっていたが、他児を叩いたり保育室から出て行ったりするような問題行動がなく、集中して遊ぶことができていた。そのためこのときは、保護者からの相談があってから対応した方がよいと考えていた。年中になって、Aは集団での活動に参加はするものの、生き生きとした表情はなく、オムツを外すことができずにいた。年中時の運動会のお遊戯では、踊りの輪の中にいるが、踊ることはなかった。運動会後、担任は母親と面談し、日頃の様子等を伝えた。しかし、母親は、運動会での他児と違う様子をまったく気にとめることはなく、オムツに関しても「大人になってまでしている人はいないから大丈夫」と気にしていない様子で、他の関係機関での発達相談を希望しなかった。

　年長に進級して5月に行われた音楽会や保育参観でも、他児と動きが違う、活動に参加しない等の様子がみられたが、保護者は「いつもの生活と違うので緊張して、みなと違う行動をしている」との認識だった。担任は、少しでも早く療育につなげたいという思いだった。そこで、担任が父親にAの園での日頃の様子等を伝えることにした。母親と担任の面談が行われ

ていることや、園から A に関して母親に伝えていることは、父親へは伝わっていなかった。父親は、はじめは A の発達をまったく気にしていなかったが、担任から療育等の話を聞き、他の関係機関で発達相談を行い、幼稚園と療育機関の並行通園を行うようになった。その後、母親のみではなく徐々に父親へも子どもの様子が伝わるようにし、進学先の小学校とも連携をとることができた。

### （2）事例からの学び

・保護者相談支援の場は、「面談」のみではなく、保育者と気軽に子どもの日常生活の様子を「立ち話」ができる場も必要である。
・母親のみを支援するのではなく、父親や場合によっては祖父母への支援も必要である。

## 2．保育者と保護者ともに「自分のせい」にした事例

### （1）事例の概要

　B は知的な遅れはなく、文字や数等も年少時には理解し、年中時には、文章を書くことができていた。また、保育者の意図をすぐに理解し、楽器の演奏や体操等も保育者がやってみせるとすぐにできた。製作活動では、保育者の説明を聞くことなく、完成品を見ただけで作品づくりをすることができた。一方、友達とは積極的にかかわろうとするが、ふざけて背中を強く叩く、他児が食べている給食をわざとこぼす、他児の目に指を入れようとする等の問題行動があった。また、自分の思いと違うことがあると相手を強く叩く等の他傷行為もあった。年少および年中時の担任は、B に知的な遅れがなく、言葉も発達しているため、「手が出る子で何か気になる」が、障害ではなく「家庭で両親との関わりに何か原因があるのではないか」という認識だった。次第に B は他児から距離を置かれるようになり、他の保護者からも「B とは関わらせないようにして欲しい」、「席を離して欲しい」等の要望が相次いだ。このような周囲の声もあって、母親は他の保護者と会わないように、時間をずらして B を送迎するようになった。年長時には、B の問題行動はさらに深刻になり、担任はどのように保育をしていけばよいのか、支援の方向性がわからなくなっていた。担任と母親の面談では、家庭では母親の話をよく聞き、子育てに困っていることはないとのことだった。担任は、自分の保育がおかしいため、B がそのような行動に

出るのではないかと考えるようになっていった。

　そこで、園長が中心となり、保護者と保育者が孤立しないようにするため、担任以外の保育者もBについての状況を共有できるようにした。職員会議で、担任以外の保育者から、Bは大人が1対1で関わると落ち着くようであるという意見が出され、Bが落ち着いて過ごせるように、まずは特定の保育者との1対1の関係を重視して関われるようにした。保育室内で、他児への問題行動が深刻な場合は、クールダウンさせる意図で職員室で過ごすようにした。担任もBと関わらない時間を持つことができ、冷静にBと関われるようになっていった。

　Bは職員室では、絵を描いたり、職員に手紙を書いたり等、落ち着いて過ごしていた。担任と母親の面談では、Bは家庭ではいい子で困ったことがないとの話だったが、Bは落ち着いて過ごしているときに、「ママに死ねって言われた」等、母親が担任に話している内容と異なった内容の話をするようになった。また、1対1で関わっていた保育者が、「やらないでね」という意味で「しんでね」と方言をつかって話したときに、「死んでね」と勘違いし、保育者を強く叩き「お前が死ね」という等、取り乱した様子（パニック状態）になった。すぐに、「しないでねって意味だよ、先生も間違えるような言葉を使ってごめんね」というと、落ち着きを取り戻した。担任は、電話や連絡帳で母親を支援したが、「困っていない」の返答が繰り返されるばかりだった。

　その後、落ち着いたようにみえたときに、少しの時間でも他児と過ごし友達との関わり方を学べるようにした方が良いという思いから、少しずつクラス集団で過ごすようにした。しかし、Bが同じクラスのCの瞼を抓るということが起きてしまった。意見がぶつかり合ったりしたわけではなく、Bは「驚かせようとしただけ」とのことだった。Bの母親と、園長で面談し状況を説明した。母親は、「どうしていいかわからない」「助けて下さい」と泣き崩れてしまった。母親は、Bは文字の覚えも早く、知能的に何も問題を感じない、ほかの子どもより優秀だと思うのに、どうして友達と関われないのかわからないと園長に伝えた。また「子どもが友達と関われないのは私のせいで、担任の先生との面談では、自分の子育てを責められると思って言えなかった」とのことだった。Bは子ども同士の人間関係が築けない状況以外は発達が早かったため、母親と担任は自分に問題があると思い込んでしまっていた。その後、園長や主任教諭（熟達者）が関わることに

より、医療機関や療育機関につなげることができた。母親はBの育てにくさから、厳しく接するような状態にあったことが明らかになっていった。

### （2）事例からの学び

・ 発達障害の知識が保護者、職員の中で乏しく、言葉等の発達が早かったため「保育の問題」「子育ての問題」と認識していた。「知的な遅れはないものの、特徴的な行動がみられる」といった発達障害についての正し知識を学び続ける必要がある。

・ 園には同じような状況にいる子がみられる時代になってきているため、担任のみが対応するのではなく、必要に応じて複数の職員で意見交換を行い、相談支援を行う必要がある。

## ３．他の保護者からの要望で園がかわった事例

### （1）事例の概要

　Dは両親ともに外国籍であり、両親の初めての子どもだった。Dの両親の国では、生まれたときに女児の耳にピアスをする習慣があり、乳幼児でもピアスをするのが日常であるとのことで、幼稚園入園時にはすでにピアスをしていた。入園後に担任がピアスをしていることに気付き、外れたら危険であること、他児が気になって引っ張りケガをする可能性があるのでピアスを外すように両親に伝えた。このとき両親は、ピアスが日本の幼稚園では好まれないことをこのとき初めて知ったが、出身国の習慣であること、出身国ではピアスを引っ張られるようなことは聞いたことがないという理由から、ピアスは外せないとのことだった。

　Dのピアスについて保育者間で話し合いを行った。保育者には、子どもたちが気になって引っ張ってしまうのではないか、外れて紛失したときに園が保証することになるのでは、等の不安があった一方で、「文化の違いを受け入れる」という姿勢は大切なのではないかという考えもあった。結局、職員会議では、両親に繰り返し日本の事情と危険性を伝えて、外すようにお願いをしていくことになった。

　Dの母親は、送迎時に拙い日本語ながらも日本人保護者に積極的に話しかけ、子どもの友達の名前も覚え、子どもの友達やその保護者と関わっていた。次第に、送迎時に保護者の立ち話に加わることが増えてきた。いわゆる「ママ友」ができ、Dのピアスについての相談をしているようだった。

園生活が始まりしばらくたったときに、Dの母親と親しくしている日本人保護者から、Dのピアスに関して「多様性を認めるべきではないか」と園への要望が伝えられた。

園長含め職員は、子どもがピアスをすることは、日本人保護者に理解されないと思い込んでいたが、日本人保護者からそのような要望が出たことで、一方的な保護者支援をしていたことに気付かされた。また、Dの母親と親しい保護者の子どもから、「Dちゃんの生まれた国はみんなしているんだよ」「触ったらダメなんだよ」と他の子どもたちに説明する姿があり、保育者の理解の方が、やや一方的であって子どもたちより遅れていたことを反省する事態となった。

（2）事例からの学び
・組織として、多文化理解のみではなく、教職員、子ども、保護者の支援体制における園全体での合理的な配慮についての検討を行う必要がある。
・保護者同士が相互の立場を理解できる繋がる組織づくりをする必要がある。

## 4．母親がネット検索に頼り協力が得られない事例
（1）事例の概要

年少児Eの発達に関して、母親は子育てで思うようにならない事があると、発達障害を疑いネット検索をするようになっていた。担任との面談で、母親は「Eは発達障害で、ADHDです。ネットでADHDのことを調べると全部当てはまるんです。」と深刻そうな表情だった。保育者は、他児と比較しても保育の中で気になることはないと伝えたが、母親はEが注意欠如・多動性障害であると信じて疑わなかった。担任は、日頃の様子が分かるように、保育の様子を撮影して母親に見せたが、Eの注意欠如・多動性障害の特徴が当てはまる場面を探し、かえってEの発達障害への疑いを深めてしまった。担任は、Eの年齢では誰にでも当てはまる行動であると説明したが、「先生は親を否定しないように発言するんですよね、知ってます。」とネットからの情報を頼りにしていた。担任は、心配なら医療機関を受診するように助言し、母親も納得しEは発達診断を行っているクリニックを受診した。その後、母親から担任に、医師に「現時点では定型発達である」

と告げられたと報告があった。母親は納得できず、他の医療機関の受診を繰り返すことになった。その後も、ネット検索に頼り担任にネットの情報を印刷して渡す等、正しい情報の収集が困難になっていた。園では、専門家を招聘し子育て講演を行ったり、園便りでおすすめの書籍を紹介する等正しい情報を発信するようにした。

（２）事例からの学び
・園が組織として正しい情報を発信し続けていくことが必要である。
・保育者の経験のみに頼るのではなく、他の専門職の意見も聞いて総合的に客観的で科学的な根拠に基づいた相談支援をしていくことが必要である。
・研修や専門家のスーパーバイズ等を常に行い、懇談会や園便り等で正しい情報を保護者へ伝え、混乱のないようにしていくことが必要である。

## 第 2 節　明らかになった課題に対する組織づくりの実践

　第 1 節では、課題が明らかになった事例を示した。これらの事例の課題をまとめると、主に「保護者の孤立防止」「正確な情報の取得」である。事例の園では、これら 2 点を軸に、保護者相談支援の組織づくりを行った。第 2 節では、具体的にどのように改革し、組織づくりを行い運用したのかついて説明する。

## １．相談しやすさと保護者の孤立防止
### （１）連絡帳の書き方の改善
　事例の園では、通園バスを運行しているため、通園バスを利用する保護者と担任が直接会う機会は限られていた。そのような保護者が園に出向くことなく担任に相談できるツールとして、連絡帳がある。事例の園では、保護者が保育者を専門家として信頼できるように連絡帳の書き方を「教員としての自覚を持ち、正しい日本語で、ですます調で書く」「絵文字は一切禁止」「馴れ馴れしい言葉遣いはしない」としていた。しかしながら、メール等に馴染みがある保護者と保育者の両方から、「堅苦しく距離を感じる」「ちゃんと書かないといけないプレッシャーがあり、思ったことを書けない」という意見が出された。また、新任の保育者も同じように、電話をかけることや書き言葉で書くことが「重大なことを伝える」ように感じるとの意見があった。そこで、保育者が思ったことを気軽に書くことができる

ように、連絡帳の書き方についての詳細な決まりをなくした。担任が伝えたいことを気軽に書くようにし、絵文字や話し言葉を使ってもよいことに改めた。保護者も連絡帳に「深刻な相談」のみではなく、子どもの日頃の様子を気軽に書けるように呼びかけた。しばらくして、日頃の子どもの出来事を保育者に伝える保護者が増えてきた。保護者が日頃の子どもの気になることを「気軽に相談」できるようになったのだ。一方で、連絡帳での相談が活発になると、保育後に連絡帳の返事を書くという業務が増えることになったため、その他の業務の軽減等の改善を行う必要性が出てきた。

### （2）保育後の園庭開放

　事例の園では、保護者は担任と相談したいときに、連絡帳でアポイントメントをとり、人目につかない相談室等で担任や園長に相談をしていた。保護者にとって、相談をすることにハードルがあり、園は深刻なケースのみ「相談を受ける」状況だった。そこで、保護者と保育者の距離感を縮め、気軽に保育者と雑談ができる園の雰囲気をつくるため、保育後に園庭を開放することにした。以前は、降園時に子どもを引き取った後は、速やかに帰宅を促していた。保育者も子どもたちに、降園後は園の遊具で遊ばないように声をかけていた。園庭を開放していなかったのは、「危険である」「掃除が終わった後に園庭が汚れる」というのが主な理由だった。そこで、危険であることに関しては、保護者に子どもを引き渡した後は保護者の責任で子どもの安全確認をお願いし、園庭が汚れることに関しては、保育後に行っていた園庭掃除を保育前に変更した。

　園庭開放後すぐに、保護者が園庭で自分の子どもを遊ばせるようになった。保護者同士が集まり降園後から暗くなるまで雑談を楽しむ様子が見られるようにもなった。また、子どもを遊ばせるためにバス通園から保護者の送り迎えに切り替える家庭も出る等、保護者にとってはたいへん良い変更となった。保護者は、面談を申し出るより気軽に保育者に話しかけることができるようになった。一方で、開放後すぐは、保護者が園庭に長時間いることに、保育者は気が休まらないという反発もあった。また、保護者の対応に時間をとられ翌日の保育準備の時間が足りないという声も保育者から上がった。しかし半年ほど経過し、保護者が園の中で遊ぶ環境が通常になってくると、以前のように戻して欲しいという意見はなくなった。園庭開放後は保護者が気軽に保育者に話せる環境を作ることができ、保護者

に他の保護者が話しかけることで、保育者の相談支援へと繋がるケースや、他の保護者が理解者となるケースが見られるようになった。

### （3）行事の土日開催と父親を対象とした行事の開催

　保護者相談支援では、連絡帳の記入や園への送迎時等、母親のみに支援してしまう場合がある。母親の子育て上の孤立を防ぎ、父親の子育て参加を促すためにも、父親も気軽に相談できる園経営（園づくり）をすることが必要である。そのため、行事を土曜日や日曜日に開催したり、懇談会を仕事後でも参加できる時間帯に開催したりする等、父親が園に来る機会を増やすようにした。また、ときには父親を対象に園の修繕のボランティアを募集し、保育者と話をしながら作業をする時間を設けた。その中で、父親から「子どもがなついてくれない」等、子育ての悩みが話題として出てくる場面があった。父親が行事に参加したことで、母親のみではなく父親も連絡帳を書くようになったケースもあった。

## 2．正しい情報の取得と発信

### （1）ダイバーシティ・インクルージョン保育を見越した学びの場

　インクルージョン保育への理解は、保育者のみでなく、全ての子どもたちの保護者にも必要である。保護者が正しい情報を取得できるように、園が学びの機会を提供する等、担任や園からインクルージョン保育への理解を促すことが重要である。事例の園での取り組みの一つは、大学教員等の専門家を招聘し、保護者と保育者がともに参加する講座の開催である。それにより、新しく正確な情報や知識を習得できるようにした。後日、講座の内容を園便り等に掲載するようにして、参加していない保護者にも伝わるようにした。講座後には、相談支援の際に保育者が「先日の○○先生の講座でも……」と、講座の内容を用いて保護者に説明する等、保育者が経験のみ頼ることなく、正しい知識を根拠に相談支援を気軽に行うことができるようになった。

　もう一つは、美術、体育、茶華道等の各分野の専門家による親子教室の開催である。支援が必要であるかないかは関係なく、全ての子どもたちと保護者が楽しめることをテーマとして親子教室を行った。親子教室では、活動を楽しむだけではなく、子育て以外の余暇活動を取り入れて保護者同士の繋がりができ、一人で悩まなくてもいいといった保護者の孤立防止に

も役立てることができた。

## 第3節　保護者相談支援と保育者の諸問題

　保護者相談支援は、ダイバーシティ・インクルージョン保育を行ううえで重要な役割を担っている。子どもにとっての人的環境である「保育者」「保護者」は、思い込み、知識不足等さまざまな要因から、多様性に気付くことが困難になっている場合がある。これらを解決し、より充実した保護者相談支援を行うために、本章では、「保護者の孤立防止」と「正確な情報の取得」が重要であることを説明した。

　保護者相談支援を充実させていくためには、保育者の業務量の調整も重要である。事例の園では、連絡帳の書き方の見直し等、保護者相談支援の方法を変更したり、保護者相談支援を充実させることで増加した業務の分、他の業務を軽減したりする等、業務量が増加しないように配慮している。保護者相談支援が保育者のいっそうの負担になるようなことがあれば、充実した保護者相談支援は行えない。保育者の業務過重のみではなく、保育者が抱えるさまざまな大変さが保護者相談支援に影響していることも、園全体や各自治体で今後解決すべき課題であると言えよう。

（金森　由香）

引用・参考文献
・櫻井貴大（2015）「発達障害児を支援する保育者の躓きに関する研究―知識と実践のズレに着目して―」愛知教育大学大学院教育学研究科修士論文.
・小川英彦（2017）『障害児保育キーワード100』福村出版.

# 第13章　（実践例）医療的ケア児とともに生活するための支援体制整備

## 第1節　A幼稚園の概要

　A幼稚園は開園50年以上の歴史を持つ、地域とともに歩んできた私立の幼稚園である。園児数は350名を超え、B市内だけでなく近隣自治体からも子どもたちが通ってきている。

　A幼稚園では約35年前、二分脊椎の幼児の入園を機に、5年間医療的ケア児とともに生活を行っていた時期を有する。この時期は医療的ケア児の受け入れに関する国の基準等の整備がなかった時期であり、保護者の了解のもとに幼稚園と主治医、理学療法士、看護師（以下、医療チーム）との打ち合わせを行いながら、保育者は医療的ケアに関する勉強会を行い、導尿、吸引等を養護教諭、保育者が行いながら生活を送っていた。医療チームとの連携は、必要なときに、時間の都合をつけ行われており、この連携は当時は「ごく自然」に続けられていた。医療チームのメンバーである医師や看護師がときどき園を訪問しており、教職員とともに医療的ケア児を含む子どもたちの成長を一緒に見守っていた。

　しかしながらその後医療的ケア児の入園に関しては、「医療的ケア児及びその家族に対する支援に関する法律」（令和3（2021）年6月18日法律第81号）等法整備が進められ、看護職員配置等が規定されるようになった。そのため、従来のような方法で生活をともにすることができなくなり、看護師を採用するチャンスも経営的余裕も見い出せず、入園希望者を断り続けざるを得なくなった。

　ところが、2023年度、本園入園を熱望する2組の親子から入園申請があった。幼稚園ではそれぞれの親子と数回の面接を行い、入園を決定した。幼稚園としては、保護者の熱意と子ども自身の明るさと生きる力を応援したいと思った。その後、2組の親子は本園の「未就園児の親子の遊ぶ会」に通い、親子、保育者とも入園に備えていった。

## 第2節　支援体制整備

### 1．看護師採用決定、園内での連携

　2023年2月末に2名の医療ケア児の入園を決定し、同時に看護師1名

の採用が内定した。幼稚園経営者として安堵したのも束の間、保護者と看護師との打ち合わせの翌日、内定していた看護師から「すぐに医療機関と連絡のとれない場所での医療行為に責任が持てない。自信がない。」と就任辞退の連絡が入った。その後、看護師資格を有する卒園生の母親（以下、C看護師）と出会い、医療的ケア児に関心を持たれたので、採用に向けて前向きに話し合った。

　採用に当たってC看護師当人の心配としては、「医療現場から長く退いていること」「医療的ケア児に接したことがなく、導尿等はかつて学んだことはあったが、実際に体験はないこと」が主であった。そのため、採用に先立ち医療的ケア児の支援方法や導入に関して実践を通した学びの場を確保し、C看護師の同意も得られ採用となった。

## ２．C看護師の業務

　C看護師の業務は主に導尿、口腔・鼻腔吸引等を園生活の中で時間を決めて実施することとした。そのため、クラス担任と常に情報交換をすることを打ち合わせの中で確認し、C看護師の不安の軽減も図った。その準備の中で、C看護師から医療的ケア室が必要だと提案された。コロナ禍ということもあり、幼稚園としては看護師としての専門性からの提案を受け入れた。応接室を急遽「医療的ケア室」に改装し、室内に小児用医療ベッド、移動カーテン、専用椅子、簡易トイレ等、必要な備品を購入、設置した。また、部屋の窓ガラス、出入り口ガラスは全てフィルムを貼り、内部が見えないようにした。その結果、C看護師が安心して業務に臨める医療的ケア室が整備できた。（図 13-1）

## ３．規定等整備

　医療的ケア児とともに生活を送るうえで、看護師のみならず教職員が安心して業務を遂行できるために、「医療的ケアの実施に関する内部規定」（章末【資料①】）、「医療的なケア実施に関する同意書」（章末【資料②】）、「医療的ケア実施申込書」（章末【資料③】）を整備し、家庭との説明と合意を図る仕組みも整えた。

　「医療的ケアの実施に関する内部規定」に関しては、「医療的ケアの内容」「医療的ケアの実施者」「医療的ケアの実施条件」「医療的ケアの実施手順」「医療的ケアの一時中止又は中止」「保護者の義務」を規定しており、幼稚

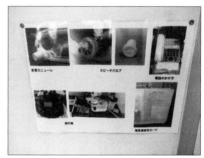

図 13-1　医療ケア室の様子

　園で医療的ケアを実施するための基本事項や担当者、内容を明示化し、か
つ保護者にも協力を求める内容をあらかじめ示すことで協力して園生活の
充実を図ることができるようになっている。「医療的なケア実施に関する
同意書」、「医療的ケア実施申込書」は支援内容に関して、幼稚園と家庭で
齟齬が生じないようにあらかじめ取り決めるための様式となっている。
　これらの規定等はこれで完成というよりも、現状は家庭と連携を図りな
がら園で支援業務が遂行できるための内容を規定しており、実践を行う中
で内容をより精査していきたいと考えている。

### ４．医療的ケア児とその家庭を支援するための連携
　図 13-2 は医療的ケア児とその家庭とともに園生活を送るための関係機
関連携を図示化したものである。（Ⅱ）の医療機関は、保護者（特に母親）
にとっては、子どもの状態や配慮事項について的確な情報が得られる支援
機関であり、常に大きな影響力がある。（Ⅲ）は家庭での看護の手助けとな
る支援機関（サービス）であり、母親を始め家族に余裕を保障するために大

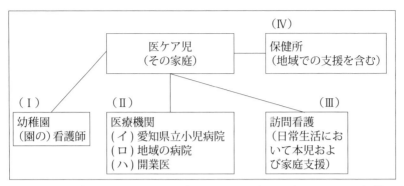

図13-2　医療的ケア児とその家庭とともに園生活を送るための関係機関連携

きな支えとなっている。しかし、園生活を知る機会がないので、母親への
アドバイスが医療に片寄る場合がある。（Ⅳ）は日常生活や将来の就学の準
備、地域での支援等のために必要な存在である。まだ入園したばかり、園
生活も落ち着かないこの時期から就学の課題は、幼稚園としては負担とな
る。しかし医療的ケア児の就学が定着していない自治体にとっては準備が
必要であるため、保健所保健師等の支援が重要な役割を担う。

　（Ⅰ）～（Ⅳ）の連携に関しては、2023年度の例を記載する。（Ⅰ）～（Ⅳ）
の連携のための合同研修、打ち合わせを行っている。第1回は、（Ⅰ）（Ⅱ）
（Ⅲ）での対面による打ち合わせとなる。医師を中心に医学的な説明を受け
ている。2023年度に実施した際は、35年前のような医療チームが身近に
感ずる雰囲気はなく、これからの連携に大きな隔たりを感じたことも事実
である。第2回はWeb会議方式で実施した。（Ⅰ）～（Ⅳ）の担当者が揃っ
て参加し、関係者が初めて全員揃うものの対面開催は難しく、時間も短時
間であるため、それぞれの立場で情報を提供し合う形で行れた。第3回も
Web会議方式で実施した。（Ⅰ）（Ⅱ）（Ⅲ）の参加であり、園は医療的ケア
児の4か月間の園生活の様子の写真と、生活面での課題等の記録のまとめ
を資料として事前に送付しておいた。幼稚園としては予想以上に多くの課
題に保育者も看護師も戸惑うことがあり、そのことを会議で取り上げてほ
しいと願った。しかしながら限られた時間の中で相互に状況を報告し合う
と、会議時間は時間切れとなり、医療チームと園内での事柄を共有するこ
とはたいへん難しいと感じたのが実感である。医療チームと35年前のよ
うな、ざっくばらんに相談し、問題が起きてもすぐに共有して解決という

流れを創り出すことは、容易に望めないと実感した。そのため、連携が可能な地域での支援体制は整備されつつあるものの、関係機関間で連携を図るためのコミュニケーションをどのように図っていくのかが課題となっている。

### ５．支援に関するエピソード

①子どもとの接し方で悩む看護師

Ａ．Ｃ看護師による導尿を嫌がるＤ児（年少児）

　担任と一緒に医ケア室に行くと「ママがいい」と看護師を嫌がる。以前は看護師が部屋に迎えに行ったが、緊張してしまうというので、担任が連れて行くことになった。

Ｃ看護師「おしっこ出さないと、病気になっちゃうよ。大好きな幼稚園に　　　　　来れなくなっちゃうよ。どうする…」といった説明をくり返した。

保育者　「おしっこの時間だよ。さっき麦茶いっぱい飲んだね。○○ちゃ　　　　　んはトイレに行ったよ。Ｙちゃんもトイレのおへやにいこうか」

Ｄ児　　「おうちでもジュースのんだよ。麦茶ものんだよ。」

保育者　「いっぱい飲んだね。そろそろＩさん（看護師）とおしっこしよう　　　　　か。」

　　　　「先生と一緒にトイレのおへやにいこうか」

Ｄ児　　「一緒にいこうね」

　こうした保育者とＤ児のやりとりを見聞きする機会も増えた。子どもの遊びを主とした生活の場で、子どもと関わる時間を増やしていった。保育者と看護師が談笑する姿はＤ児を安心させる雰囲気を醸し出した。看護師も子どもと会話する余裕ができてきた。医療的ケア室が子どもにとって「行きたいお部屋」になる努力や工夫も始まった。

Ｂ．母親（保護者）との対応の１コマ

Ｃ看護師「紙パンツではムレます。赤く傷になってしまうからＤ児がすぐ、　　　　　布のパンツに変えるように伝えます。」

保育者　「母親が知らないはずはないと思うので、一度確かめて母親の考　　　　　えも聞いてからでは遅いでしょうか。」

　幼稚園生活の中では、何か気になることがあるたびに、看護師は医学的見地から判断し、素早く解決しようと行動する。保育者は園生活の1コマとして医療的ケアを位置づけ、母親とも一方的にならないよう、これから長く協力し合える関係づくりを工夫することが必要であると実感している。看護師の指摘も、保育者の指摘も園生活を送るうえではどちらも必要な内容を示しているため、その時々に折り合いをつけ、学び合いながら進め、お互いが凝りを残さない努力が求められた。

②Ｃ看護師のふり返りからの学び

　新学期開始から5か月過ぎたある日、「園長先生、おはなしが…」と声をかけられた。5か月をふり返り話される1つ1つの言葉が、園長としてはとても前向きで感動した。この言葉は、今後の連携のヒントではないかと感じた。以下に紹介する。

　『看護師は、医師の指示が最優先です。看護という立場からの意見は持ちますが、それは医療的処置、治療にとって今すぐに必要かどうかで主張しない場合もあります。医療的ケア児にとって導尿・痰吸引カニューレの対応等は、看護師が責任を持つことで、その子の健康管理であり、命の補償だと考えていました。どうしても指示的に子どもに接しがちになりやすい状況をつくっていました。園での生活は、まず子どもありきであり、安心して喜んで園生活ができるために医療的ケアという支援をするという気持ちになることが出発ですね。医療行為は傲慢になりやすいことを気付かされました。わが子が在園中は、ダウン症児、自閉症スペクトラム障害児、肢体不自由児等が一緒に生活しているのを、ほほえましく特別感もなく、ごく普通にみていた母親でした。先生が大勢いて、障害がないわが子にとっても良い環境だと安心していました。複数担任制と大勢の教職員がいるということは、みなさんが協力し合うためにどれほどの努力がされているかはまったくみえていませんでした。看護師として園に入り、みなさんに頭が下がります。今、私は毎日学びです。』

　Ｃ看護師も保育者も一人ひとり考え方、支援観が異なっており、それぞれの支援観をもっている。そのため、Ｃ看護師のこの言葉には人となりが

表れていて、教職員全員がこのように感じているわけではない。しかし、園長としては、子どもを真ん中に連携していくための価値ある言葉だと感じた。医療的ケア児を含め、ダイバーシティ・インクルージョンの理念、思想がこれから幼児教育・保育現場に定着していくには、たくさんの努力と体験が求められると考えている。そのため、言葉だけが一人歩きしないことを園長としては節に願うとともに、本書を通して現場での学びが深まることを期待している。

## 6．今後の課題

　最後に医療的ケア児とともに生活するための支援体制整備に関する課題についても言及しておく。医療的ケア児の受け入れは、子どもを支えるそれぞれの機関が情報提供、共有をして役割を連携することで円滑に支援目標の達成や、課題解決に取り組むことができると考えている。しかしながら、連携がスムーズに進まない事例も生じている。以下ではその事例の概略を示しながら、今後の連携に向けた課題を提示する。

　事例は 5 歳児で免疫介在性多発神経炎の後遺症による嚥下障害、気管切開、運動耐容機能低下等を有する子ども（以下、E 児）の事例である。E 児は入園前の目標として「日光を浴びることで骨を強化し、骨密度を上げる」「立ったり、座ったりすることでバランス機能を向上させる」「集団の中で、心の成長をはかる」「休まず登園する」の 4 点を設定し、あらかじめ入園前から入園前に考えられたリスクとして「ストレス、我慢が増え、息止め発作の頻度が増える可能性がある」「カニューレが汚れたり、砂埃等で詰まったりする可能性がある」「活動量が増え、気管カニューレが抜ける可能性がある」ことを想定していた。そのため、幼稚園では「園全体の職員が E 児やその保護者の性質をよく知ること」「E 児の言葉、意思を尊重すること」に努めながら、「息止め発作時の対応」「カニューレが抜けたときの対応」「酸素ボンベの保管」に関しては、具体的な対応を研修を通して学習していた。また Y 看護師は痰吸引の業務を担い、食事による誤燕の回避に留意していた。

　2023 年 4 月入園から 8 月現在までの E 児の生活の様子である。E 児は登園時、ほぼ酸素吸引が必要であり、酸素をつないだ状態で園生活、遊びに参加していた。E 児は入園後体をよく動かしたり、緊張したりすることで痰が増加したため、痰吸引は場所を構わず行い、頻度が増えていった。さらに、突発的な発熱が増えて欠席が多くなり、欠席時には回復までに時

間を要した。そして、長期の欠席後は、対人関係が振り出しに戻ってしまうため、緊張による痰増加につながり、自己主張として泣く場面が増え、息止め発作の出現にもつながっていってしまった。

　このようなE児の状態の中で、E児の体調が悪い際に母親と連絡がとれなくなる日が生じた。食事は母親の管理下で行っていたが、病院からの指示が守られておらず、誤嚥につながる食事場面が生じていた。その結果、毎月、月末から月初めにかけて、後遺症による周期性嘔吐症を発症するようになってしまった。このため、E児は5月29日～6月1日、7月3日～7月20日に検査・治療のため入院せざるを得なくなり、7月20日からは夏季休暇により欠席となっていった。8月2日に担当保育者が家庭訪問した際も、周期性嘔吐症により体調が悪化していた。

　上記の経過に示されるように、E児が登園を始めると、当初に考えられていたこと以上のリスクが多数生じた。入園前にZOOMを用いて医療機関と行われたカンファレンスの中では、どの機関からも「やってみないと分からない」という回答がなされており、実際に受け入れる側となる幼稚園の不安が払しょくされることはなかった。そのため、幼稚園としては付き添いの保護者（母親）と連携しながら、E児の意思を尊重する保育を心がけていった。しかしながら、結果として保護者（母親）との連携には課題が残り、保護者（母親）のケアがE児の体調悪化を助長することになってしまった。

　E児の事例からは、病院を始めとする各関係機関、特に医療機関が医療的ケア児の生活する場所を訪問してリスクをきちんと把握し、保護者への指導や支援、また必要に応じて治療方針の見直しをすることが必要ではないかと考えた。幼稚園生活の実際の理解のないままでの医療機関による支援は、医療的ケア児も保護者も苦しい生活が生じやすくなる。実際にE児の場合登園時には、酸素ボンベ、吸引器を背負ってE児と行動をともにする保護者（母親）の負担が生じ、医療ケア室で行う予定だった痰吸引も、E児の行動範囲が広いため、Y看護師が吸引器とともに行動することになってしまった。

　7月20日の退院後、2回目のZOOMカンファレンスが予定されていたため、幼稚園から病院側に、E児の詳細と園生活の中での保育者、看護師の支援に関して助言が欲しい内容等をまとめて記録文書を作成して提出した。医師の訪問が難しいのであれば、せめて文書で医療関係者へE児の

生活の様子、姿を伝え、今後の園生活で幼稚園の教職員ができること等を具体的に教授してほしいという願いも込めて、記録文書を作成した。しかし、記録文書は医師の手元に届いていなかった。病院側からのサマリーには４月からの幼稚園活動、給食の中での不顕性誤嚥の繰り返しにより、肺炎および無気肺を形成した可能性が指摘されたと記載があったにもかかわらず、連携が十分図られなかったのである。

　幼稚園側としては、ZOOM カンファレンスに関しては治療内容の説明と症状が悪化した際の投薬治療に関する内容が多く、幼稚園生活の充実やE児の思いを生活に反映していくための支援に関する内容は限られていた。今後医療的ケア児とともに生活するための支援体制整備を幼稚園で進めていくためには、医療的な知見を踏まえて生活を支えていくための保育実践に係る助言等が求められる。しかしながら、それらの情報が得られる幼稚園は、現状では少ない。そのため、幼児教育関係者と医療関係者が幼稚園生活について学び合い、支援を充実させていくための研究や研修体制の整備が喫緊の課題であると考える。

※本章は平岩が事例等の整理を行い文章化したうえで、田中が加筆して第13 章としてまとめた。そのため、文章の内容に関しては田中に文責があることを付記する。

（平岩　ふみよ・田中　謙）

【資料①】医療的ケアの実施に関する内部規定

---

　学校法人Ａ幼稚園における医療的ケアの実施について

　学校法Ａ幼稚園において、医療的な生活援助行為（以下、「医療的ケア」という。）を必要とする児童の自立の促進、健康の維持増進及び安全な保育環境の整備、並びに保護者の精神的・身体的負担の軽減を目的として、看護師等による医療的ケアの実施にあたり、以下のとおり定める。

（医療的ケアの内容）
　医療的ケアの内容は、次に該当する行為とする。なお、実施する医療的ケアは医療機関としてのケアではなく、教育の場における集団生活の日常生活支援として実施するため、園の運営上可能かつ日常的な手当ての範囲で実施する。
１．口腔・鼻腔吸引、気管吸引、吸入
２．経管栄養
３．導尿
４．酸素療法

（医療的ケアの実施者）
１．当該児童の保護者
２．看護師資格を有する者
３．社会福祉士及び介護福祉士法施行規則附則第13条における第3号研修を修了した教員等。ただし、認定を受けた特定行為に限る。他の特定行為を行う場合又は他の幼児児童生徒等を担当する場合には、その都度登録研修機関において実地研修を行う。

（医療的ケアの実施条件）
１．当該児童の保護者は、原則として医療的ケア実施中は園内において付き添う。ただし、保育状況や内容、行事、医療的ケアの内容により、園が付き添いを不要と判断した場合は、保護者と協議し、これを求めない。
２．医療的ケアを受ける児童は、年少児以上を対象とする。
３．当該児童の状況等により、医療的ケアの一時中止又は中止を行う場合がある。

（医療的ケアの実施手順）
１．医療的ケアの実施を希望する保護者は、入園を申し出た時又は医療的ケアが

　　　必要になった時に園に相談する。園は、実施を希望する医療的ケアの内容を保護者から聞き取りし、面接日を決定する。
2．園において、保護者と児童と面接を行う。面接は園長及び教員、看護師等の複数人で実施し、複数回行うことが望ましい。
3．面接終了後、保護者は主治医からの意見書兼指示書を園に提出する。
4．園は、面接結果及び主治医意見書兼指示書等から、入園の受け入れ及び医療的ケア実施の可否を検討し、その結果を保護者へ連絡する。
5．看護師は必要に応じて主治医等から指導を受ける。
6．看護師は主治医の意見書兼指示書、5に定める指導、保護者からの聞き取りにより、医療的ケアの個別マニュアル及び看護計画を作成する。
7．看護師は園において、保護者立会いのもとに当該児童に対する医療的ケアの実習を行う。ただし、前年度から引き続き任用された看護師で、当該児童の状態やケアの内容に変更がない場合はこれを省略することができる。
8．看護師は個別マニュアルに基づき医療的ケアを実施するとともに、実施記録を作成し、保護者に報告する。

（医療的ケアの一時中止又は中止）
1．次のいずれかに該当する場合は、医療的ケアを一時中止または中止する。
　（1）主治医から指示があった時
　（2）保護者から申し出があった時
　（3）医療的ケアの実施により、当該児童の身体的状況の悪化が予想されると看護師が判断した時
　（4）園長が園の運営上、一時中止又は中止が必要と判断した時

（保護者の義務）
1．保護者は必要書類の提出や主治医との連絡調整、園における医療的ケアの提供に協力する。
2．保護者は当該児童の健康状態について、登園時に園に報告する。
3．保護者は医療的ケアの実施に係る書類作成に関する費用、医療機関に対する診療報酬等を負担する。
4．保護者は医療的ケアに必要な器具や消耗品を持参する。
5．保護者は医療的ケアによって生じた廃棄物は全て持ち帰る。
6．保護者は医療的ケアを受けた後、当該児童に異常があると判断した際は、主治医の診察を受けるとともに、園に状況等を連絡する。
7．保護者は医療的ケア及び症状等に変化があった場合は、園に連絡し、必要に応じて医師の指示書を提出する。

【資料②】 医療的なケア実施に関する同意書

## 医療的なケア実施に関する同意書

1. 医療的ケアは、教育の場における集団生活の日常生活支援として、幼稚園の運営上可能かつ日常的な手当ての範囲で実施します。
2. 原則として医療的ケア実施中は、園内において付き添いをしてください。ただし、保育状況や内容、行事、医療的ケアの内容により、園が付き添いの必要がないと判断した場合は不要です。
3. 医療的ケアに関して必要な経費（書類作成や物品の購入等）は保護者がご負担ください。また必要な医療機器は点検・整備を行い、医療用具、医薬品及び消耗品等は不足なく準備してください。
4. 医療的ケア実施に必要な器具等を園に持参するとともに、緊急連絡先と子どもの健康状態を連絡帳等で担任・看護師にお知らせください。
5. 降園後、体調に異常を感じた場合には主治医の診察を受け、園へ状況等を連絡ください。
6. 医療的ケアの内容に変更があった場合は、その内容を速やかに報告いただくとともに、「主治医意見書兼指示書」を再度提出してください。
7. 看護師不在時に登園をする場合は、保護者が付き添ってください。
8. 医療的ケア実施後の廃棄物等は、全てお持ち帰りいただきます。
9. 子どもの体調不良等に備え、常に連絡が取れる体制を整え、必要時には速やかに対応してください。また、緊急時には最寄りの医院、病院に救急搬送しますのでご了承ください。
10. 必要に応じて、園長や担任教員、看護師が直接主治医に症状や対応等について問い合わせすることがありますのでご了承ください。
11. 提供を受けた情報は、当園と園医で共有します。また、支援体制の充実を図るため、医療・福祉・保健・教育等関係機関と情報を共有することがありますのでご了承ください。
12. 子どもの付き添い時に知り得た園内の個人情報は、口外しないでください。
13. 1 ～ 12 の事項を守っていただけない場合は、保育、教育が継続できないことをご了承ください。

学校法人Ａ幼稚園長様

上記 1 ～ 13 の内容を確認し、同意しました

年　　　月　　　日

保護者署名（保護者全員の署名をお願いいたします）

【資料③】医療的ケア実施申込書

医療的ケア実施申込書

年　　月　　日

学校法人Ａ幼稚園長　　様

園における医療的ケア実施について、下記のとおり申し込みます。

保護者氏名＿＿＿＿＿＿＿＿＿

１．医療的ケアの実施を希望する児童

| 児童 | フリガナ 氏名 | |
|---|---|---|
| | 生年月日 | 年　　　月　　　日生　性別　　男・女 |

２．実施を希望する医療的ケアの内容及び方法等

※申し込みする医療的ケアに☑をし、希望の実施方法を記入してください。

□（1）酸素療法

| ・酸素を外せる時間の有無 | あり | なし |
|---|---|---|
| ・酸素を外して生活できる時間 | 時間　　　　　分 | |
| ・酸素流量 | L | |
| ・通常使用する酸素ボンベの持続時間 | 時間 | |
| ・在園時の酸素ボンベの交換の必要性 | 必要 | 必要なし |
| ・持ち運び方法 | カート / リュック / （　　　　） | |

・酸素療法における注意事項

| |
|---|
| |

□（2）吸引、吸入

吸引　・吸引の種類 ／ ・園での吸引回数 ／ ・上記以外の吸引の必要性 ／ ・児童本人から吸引の訴えの有無

| 気管切開部 / 口腔 / 鼻腔 |
|---|
| 時間ごと 午前　　回 / 午後　　回 時 / 　　時 / 　　時 |

| ・上記以外の吸引の必要性 | 必要 | 必要なし |
|---|---|---|
| | ※必要な時を下記に記入してください | |
| ・児童本人から吸引の訴えの有無 | あり | なし |

吸入　・園での吸入回数

| | 時間ごと |
|---|---|
| 午前　　回 / 午後　　回 | |
| 時 / 　　時 / 　　時 | |

　　　　・吸引 / 吸入における注意事項

<br>

□（3）導尿

・園での導尿回数

| | 時間ごと |
|---|---|
| 午前　　回 / 午後　　回 | |
| 時 / 　　時 / 　　時 | |

| ・上記以外の導尿の必要性 | あり | なし |
|---|---|---|
| ・尿量測定の有無 | 必要 | 必要なし |
| ・尿量や正常について、注意事項の有無 | あり | なし |
| | ※必要な時を下記に記入してください | |
| ・尿漏れの有無 | あり | なし |

・導尿における注意事項

<br>

□（4）経管栄養

| ・経管栄養の種類 | 胃ろう / 腸ろう / 鼻腔 | |
|---|---|---|
| ・園での注入時間 | | 時 |
| ・注入に要する時間 | | 分 |
| ・経口摂取との併用の有無 | あり | なし |

・経管栄養における注意事項

<br>

※上記の申し込み事項において、「主治医意見書兼指示書」と相違がある場合は主治医の指示が優先されます。また、園の運営上可能かつ日常的な範囲で実施になりますので、希望に添えない可能性があることをご了承ください。

# 第 14 章　（実践例）園と児童発達支援事業所との連携事例

## 第 1 節　はじめに

　「幼稚園も楽しいけど、友愛 I も楽しい！また、来るからね、先生！また遊ぼう！」

　このコメントは、第一筆者らが設立した障害児通所支援事業の多機能型事業所（児童発達支援・放課後等デイサービス）である札幌運動支援友愛 I を利用している幼児がよく発してくれる声である。こうした生き生きした声をたくさん生み出す目的から、2018 年 7 月に当所を開業した。2022 年度からは、当所の児童発達支援部門における発達支援事業を充実させるべく、本格的に札幌市東区にある「学校法人聖公会北海道学園　認定こども園　聖ミカエル幼稚園（以下、聖ミカエル幼稚園）」と連携した。

　この連携内容の主な特色は 2 点ある。1 点目は、聖ミカエル幼稚園の非常勤職員である第二筆者を当所の正規職員および児童発達支援管理責任者（以下、児発管）として迎え、聖ミカエル幼稚園の特別支援教育コーディネーター等と彼女が常に幼児に関する情報交換を行い緊密な連携体制を実施していることである。つまり、当所の利用者である幼児は聖ミカエル幼稚園にも在籍し、教育・福祉施設から支援を受けられる環境にあり、なおかつ児発管は主に毎朝の「預かり保育」を担いながら、それが終了すると当所に移動してその業務を遂行することになる。ちなみに、当所の児発管は、聖ミカエル幼稚園に在籍する幼児ばかりではなく、他の幼稚園、保育所、認定こども園に在籍し当所を利用している幼児と当所の放課後等デイサービスを利用している学童のための児発管でもある。

　2 点目は対応の速さである。当所は、名称に表されているように利用者に対する療育について、運動を通して取り組むことがメインとなる。聖ミカエル幼稚園に在籍して発達支援が必要と思われる幼児に対しては、園長、特別支援教育コーディネーター、保育主任、学級担任および児発管が協議し、保護者に当所の療育内容を紹介して納得してもらえたら利用開始となる。この過程で、児発管はその幼児が抱えている発達上の課題を把握し、一人ひとりに合わせた療育内容を計画したうえで保護者に情報提供が可能となる。つまり聖ミカエル幼稚園に在籍している幼児は、在籍していない幼児より迅速に対応できる点が特色となる。以上のように、児発管は当所と聖ミカエル幼稚園が連携するうえで、重要な鍵として機能しているとい

えよう。

　本章ではまず児童発達支援事業の法的な位置づけや概要を解説する。次に、当所と聖ミカエル幼稚園が連携して１年以上が過ぎ、ある程度の子ども一人ひとりにおける発達支援の成果を見出すことができたので、その実際について紹介する。なお、児童発達支援は、「児童発達支援センター」と「児童発達支援事業所」の２種類のサービス形態に分けられるが、当所は後者の「児童発達支援事業所」であることから、これに焦点を当てて述べる。

## 第２節　児童発達支援事業の概要
### １．児童発達支援事業の法的な位置づけ

　2023年４月１日にこども家庭庁が内閣府の外局として設置され、これまで文部科学省や厚生労働省が縦割り行政でそれぞれに運営してきた子どもに関する施策が一元化された。この新しい機関の仕事は、少子化や児童虐待等の問題を解消すべく、子どもが心身ともに健康かつ幸せに成長できるよう支援することである。今後、児童発達支援事業は子ども家庭庁の所管のもと実施されることになり、子どもに対するきめ細かで包括的な支援が期待される。

　次に、児童発達支援事業の法的な位置づけを確認する。児童福祉法第６条の２の２第２項において、「児童発達支援とは、障害児につき、児童発達支援センターその他の厚生労働省令で定める施設に通わせ、日常生活における基本的な動作の指導、知識技能の付与、集団生活への適応訓練その他の厚生労働省令で定める便宜を供与すること」と定義されている。つまり、児童発達支援は知的障害、発達障害、肢体不自由等のさまざまな障害のある就学前の子どもたちを対象に、食事、着脱、排泄等といった日常生活の動作指導、子どもがかかわる集団における生活適応訓練、社会的自立のための指導を実施する福祉サービスといえる。

　児童発達支援には２種類のサービス形態があることを先述したが、児童発達支援センターは地域の障害児の通所施設の中核であり、専門性をいかした支援を実施している。一方で発達達支援事業所は、自治体によっては地域の児童発達支援センターに比べてその数は圧倒的に多く、地域によりいっそう密着した支援を行っている。これらの事業所に通う子どもの利用状況は、１週間のうち毎日通所する場合や、１回あるいは複数回といった場合もあり、子どもの実態により多様性がある。

## ２．児発管の役割

　児発管は、児童発達支援事業所等の児童福祉法に規定されるさまざまな
障害児支援施設で中心となる役割を担う。具体的には、利用する幼児のニー
ズ、障害の特性、保護者の意向等をふまえて個別支援計画書を作成するこ
とや、その個別支援計画が、実際に支援や療育として組織的に実施される
ように管理すること、幼稚園や他の児童発達支援事業所等との連携の窓口
になることが主な役目となる。そして、支援サービス開始後もその経過を
モニタリングして、定期的な会議で計画の評価と修正を実施する。

## ３．児童発達支援のサービス内容

　児童発達支援事業所等における児童発達支援の内容や運営等は、「児童
発達支援ガイドライン（厚生労働省，2017）」で具体的に示されている。事
業所の責任者等はこのガイドラインにそって運営することになるので十分
な理解が求められる、関係者にとってのバイブルのような位置づけである。
これによると、サービス内容は、「発達支援（本人支援および移行支援）」、
「家族支援」、「地域支援」の３つに分類されている。

### （１）本人支援

　発達支援における「本人支援」の目的は、「障害のある子どもが、将来、
日常生活や社会生活を円滑に営めるようにするもの」である。そして、提
供すべき支援の内容には、心身の健康や生活に関する領域「健康・生活」、
運動や感覚に関する領域「運動・感覚」、認知と行動に関する領域「認知・
行動」、言語・コミュニケーションの獲得に関する領域「言語・コミュニケー
ション」、人との関わりに関する領域「人間関係・社会性」の５領域があり、
それぞれの子どもたちの発達の諸側面の実態を把握したうえで、必要な支
援を実施する。

　この５領域は各々が独立しているものではなく、相互に関連している。
子どものニーズに合わせて網羅的に５領域のサービスを提供することは可
能であるし、一方で一つあるいは複数の領域を優先して提供し、それらの
成果が出始めたら次に他の領域も考慮していくことも可能である。その際、
子どもの発達の実態を把握することが前提であることは言うまでもない。

（2）移行支援

　発達支援における「移行支援」の目的は、「障害の有無にかかわらず、全ての子どもが共に成長できるよう」、「可能な限り、地域の保育、教育等の支援を受けられるようにし」、なおかつ「同年代の子どもとの仲間作りを図っていくこと」である。

　この背景には、「地域社会で生活する平等の権利の享受」と「地域社会への参加・包容（インクルージョン）」の考え方がある。支援形態としては、児童発達支援事業所を利用する幼児が、支援サービスを受けながら支援の目標を達成してその事業所を退所し、地域の幼稚園、保育所、認定こども園等の幼児教育施設に移行する場合がある。一方で、児童発達支援事業所を利用する幼児が、地域の幼稚園、保育所、認定こども園等にも在籍する並行通園をする場合があり、これも移行支援として位置付けられている。このような子どもの実態に応じた支援の中で、上記の移行支援の目的と考え方を実践する必要がある。

　また、児童発達支援事業には、「障害のある子どもの発達の状況や家族の意向をアセスメントし」、その子どもたちが、地域の幼稚園、保育所、認定こども園の保育等を受けられるように、これら施設への「後方支援」の実施が必要とされている。

（3）家族支援

　「家族支援」の目的は、その要点を表すと障害のある幼児を育てている家族が安心できるように、彼らの子育ての環境を整備し親子間のコミュニケーション力の向上を目指して物理的および心理的に支援することといえる。特に心理的支援は重要であり、「保護者が子どもの発達を心配する気持ちを出発点とし」、児童発達支援の「関係者が十分な配慮を行い、日々子どもを育てている保護者の思いを尊重し、保護者に寄り添いながら、子どもの発達支援に沿った支援が必要」とされる。

（4）地域支援

　「地域支援」の目的は、児童発達支援事業所等が、「保育所等の子育て支援機関等の関係機関との連携を進め、地域の子育て環境や支援体制の構築を図るため」とされ、その役割は、「障害のある子どもの地域社会への参加・包容（インクルージョン）を推進する」こととされる。この「地域支援」は、上述した「移行支援」の拡大バージョンといえる。つまり、児童発達支援事

業所は、それを利用する個々の子どもがかかわる地域の幼稚園、保育所、認定こども園、医療機関、保健センター、児童相談所等の関係機関と連携し、当該子どもが地域で適切な支援を受けられるように取り組むのである。それゆえ、「移行支援」は地域の幼稚園、保育所、認定こども園等の就学前の幼児教育施設と児童発達支援事業所との間に焦点を当てた発達支援であり、「地域支援」は児童発達支援事業所とそれを利用する一人ひとりの子どもが関わる地域の関係機関を含み拡大した発達支援といえる。このように「地域支援」は、地域における関係機関とのネットワークの構築が大きな特色となるのである。

### （5）送迎体制

　児童発達支援事業では、事業所の自家用車等を使った「送迎」により利用者の移動を支援することができる。具体的には、児童発達支援サービスを利用する幼児を自宅へ送り迎えしたり、幼稚園、保育所、認定こども園へ迎えに行ったりする。この体制の有無が、事業所の利用者数の増減に直結することが多く、ほとんどの事業所は送迎体制を支援サービスの一つとして事業の中に組み入れている。ちなみに、車種は軽自動車もあればミニバンやワンボックスカー等があり、各事業所の状況によって使用されている。

## 第3節　札幌運動支援Ⅰの児童発達支援の実践例特色
### １．札幌運動支援Ⅰにおける児童発達支援の現状
　2023年7月現在の当所における児童発達支援の利用者は9名で、そのうち聖ミカエル幼稚園に在籍している幼児は6名である。利用者の全員が並行通園の支援形態であり、1週間のうち2回から3回程度当所を利用している。送迎では、午前中に当所を利用する場合、聖ミカエル幼稚園に当所の自家用車が利用者を向かえに行く等、子どもの各々のニーズに応じて柔軟に対応している。

### ２．支援内容の5領域
　当所では、支援内容の5領域のうち、「運動・感覚」「認知・行動」、「人間関係・社会性」を優先的な支援内容の領域として設定している。先述したように、当所の特色の一つが運動活動をメインとした支援内容であるが、これは上記3つの領域と密接にかかわっている。例えば「かけっこ」の活動

では、「より早く適切な姿勢で走ることができる」ことを目標にした場合、「運動・感覚」から走動作の改善と同時に、保有する視覚・聴覚・触覚を十分に意識して活用したり、「認知・行動」から走動作の際に生じた諸感覚を、これに必要な時間や空間の概念理解につなげたり、「人間関係・社会性」から参加者同士で良い結果が出せるように励まし合ったり等、内容を具体化し視える化することができる。残りの領域「健康・生活」と「言語・コミュニケーション」は、上記の目標が達成できたら、次のステップの中にこれらを加えて編成していくことで網羅することができる。

## 3．中核としての児発管

　児童発達支援ガイドラインでは、児童発達支援事業における連携の目的や意義等が「移行支援」と「地域支援」の中に明確に規定されており、その重要性を認識できる。当所における連携の特色として、「緊密な連携体制」と「迅速な対応」の2点をあげ、これらを機能させる鍵となるのが児発管であることを前に述べた。個別支援計画を作成するには、子どもに関する正確な情報が必要であるが、当所では、聖ミカエル幼稚園に在籍する幼児に関しては、早期に対応できるため適切な支援を実践しやすいと思われる。

　以下には、児発管が聖ミカエル幼稚園との連携において、実際にどのような成果を生み出しているかについて、2つの事例を紹介したい。

## 第4節　札幌運動支援友愛Ⅰの事例

　第二筆者の聖ミカエル幼稚園での主な業務は、以下のとおりである。園への早朝の出勤後、前日の振り返りノートや各クラスの日誌を読み、園全体の保育内容や状況を把握する。そこには、友愛Ⅰ利用者についての記述もあり、先生方の関わり方も参考になる。常日頃、園長や教頭、主任、担任等と情報交換を心がけ、必要であれば友愛Ⅰ利用者のクラスでの様子や行事等を観察し、適宜対応をしている。参加できるときには園の職員会議にも参加し、友愛Ⅰの利用者に参加してほしい園の行事等もあらかじめ主任や担任等と相談する。これらの業務のおかげで、場当たり的でなく中長期のでき、見通しを持った一貫性のある支援計画を立てることができる。

## 1．Sさん：年少男児3歳（事例1）

　Sさんは、聖ミカエル幼稚園入園当初から全体の活動に参加することが難しく、じっとしていることが難しい様子も見られた。母親が参観に行っ

た際にも、自分のクラスではなく、違う場所で活動をしていた未就園クラスの子どもたちと一緒に過ごすこともあり、彼女も心配をしていた。発語がほとんどなく、クラスメートとやりとりが生じないため、担任も頭を悩ませていた。

　Ｓさんの保護者が園から療育の利用を勧められ、当所で支援を受けることになった。園と母親からの情報で「動きが激しい」という共通点があったため、当所での支援開始時、Ｓさんの支援内容の中心領域として「運動・感覚」を取り入れ、天気が良ければ公園で、Ｓさんの体力や身体活動等の観察から開始した。その結果、年少児の平均以上の体力があり、身体能力も高く、鉄棒等も難なくこなせることが明らかになった。公園内等でかなり走ってもまったく疲労せず、自宅や園での外遊びではとうてい満足できないと理解できた。利用回数は、週２回を当所にし、残りを園に充てた。

　Ｓさんの個別支援計画は５領域の「運動・感覚」の他に「言語・コミュニケーション」もメインにし、Ｓさんの好きな遊びから関わりを深めていった。彼は発語が乏しいのではなく、個別で関わると話したいことがあふれ、それを受けとめてもらうと、また伝えようとした。次第に当所のスタッフに関心をもち、「○○先生は？」「どこにいるの？」等と名前を覚え、自宅でも「○○先生がいた」等と話すようになり、徐々に発語が増えていった。当所のスタッフが、Ｓさんとの会話で、園の活動や友人、先生のことも意図的に話題にすること等を積み重ねていくと、しばらくすると学級担任から「今日、○○先生って呼んでくれました」と嬉しい報告があった。しかし、当所利用開始から数か月間は園の活動には参加できず、学級担任がいつも寄り添い、Ｓさんに個別に声かけをしていた。

　夏の運動会練習が始まっても参加せず、学級担任が手を引いて隣に立ち、クラスメートが玉入れをしている様子を見ているだけの状況だった。そこで当所でも玉入れ活動をした。バケツに玉を入れるという単純な活動であったが、Ｓさんは楽しんで投げていた。投げ終わると、スタッフが教えていないのに、Ｓさん自ら「いーち、さーん」と玉の数を数え出し、まさに園でのやり方を再現していた（年少児で初めての玉入れの活動のため、教えることがなければ、数まで数えることはない）。すぐに学級担任に「○○先生の思いはＳさんにしっかり届き、みんなの活動をちゃんと見ていました」と報告をした。担任も思いが通じていたことがわかり、その後の園生活でもＳさんに丁寧に寄り添い、働きかけた。その後の秋に実施される園の発表会では舞台に上がり楽しんで参加することができるようになった。

　運動会の本番にSさんは参加しなかったが、運動会後に園でのSさんの保護者との個別面談に児発管が同席させてもらい、これまでの当所の活動を振り返り、当所での玉入れ活動の動画を紹介した。これが無ければ、「運動会に参加できなかったSさん」のままであったが、保護者は「この子はこの子なりの参加の仕方ができたんですね。ちゃんとみんなのことを見ていたのですね」と嬉しそうだった。小さなことではあるが、児発管が常に園と当所での活動を把握していたからこそ、保護者に伝えられたことである。

　活動の把握のために、児発管はコミュニケーションアプリLINEを積極的に使用している。保護者の了解を得たうえで、園や当所の様子をそれぞれの担当者同士で共有してもいる。子どもの様子は音声も含んだ動画で記録可能なため、言語や文書での情報共有よりもはるかに情報量は多い。現代のSNSを支援のための一つのツールとして活用することの意義は大きい。

### ２．Yさん：年長男児５歳（事例２）

　Yさんは自閉症スペクトラム障害の診断が有り、聖ミカエル幼稚園には年少児から在籍し、友愛Ⅰの利用は年長になってからであった。Yさんは、「朝のルーティン」という「こだわり」があり、これらが自宅で崩れると、登園時間が一定しなかった。そのため園での朝のルーティンが終了せず、当所が彼を迎えに行っても園の玄関に行けない状況が発生した。また、当所でのルーティンもあり、それができないと大泣きした状態で帰宅した。そこで支援内容の５領域のうち「人間関係・社会性」をメインとした個別支援計画から開始した。

　Yさんは、園へも当所へも行きたくないわけではなく、ルーティン活動が終わればすんなりと次の場所へ行くことができたため、当所が園でのルーティンを急がせることは無かった。児発管は、クラスでのルーティンを観察させてもらい、ルーティンはときどき変化していたので、学級担任にその都度、その内容を教えてもらった。

　ある日当所のスタッフがYさんを迎えに行くと、日常のYさんの様子をよく知っている学級担任は「多分、あと３つ作ったら終わりなので10〜15分程度です」と伝えてくれた。スタッフは「では、先に○○さんのお迎えに行ってから、また戻ってきます」と伝えてYさんの次に迎えに行く予定の利用者を先に迎えにいき、再度園にYさんを迎えに来た。たった10分間待つことで、Yさんが気持ちよく当所に行け、その後の活動も楽しく参加できるのであれば、これらは些末なことであった。これもYさん

の行動や特性を児発管が日常的に学級担任等と共有し、実際にその様子を毎回観察していたからできたことであった。学級担任は「待っているから」とせかす必要もなく、当所も「お迎えの車にすでに他の子どもが乗っているから早くしてほしい」思う必要もなかった。このように、当所にとって想定外の出来事が生じた場合でも、園に連絡し状況を伝えると、それを理解できる職員が対応してくれたことで、問題を迅速に解決できたことが何度もあった。

　Ｙさんの支援では、このようなやりとりが日常的に実施されたが、自宅での気持ちの切り替えが困難な状態であった。そこで児発管は、彼の心理面に「まぁいいか」というゆとりの認識を作りたく、ルーティン活動の途中で、タイミングをみて遊びを提供する、公園へ移動する等、新しい活動の提案をし、意図的にルーティン活動を短くする働きかけを計画して、当所スタッフが実践した。園でも学級担任や支援員に同じような働きかけをできる範囲で実践してもらった。当所の実践を園にも取り入れてもらい、ときどき互いのかかわりの成果を共有するという取り組みを積み重ねた。

　その結果、次第にルーティン活動が短くなり、卒園する頃にはルーティン活動はまったく見られなくなり、小学生になった現在はランダムな活動に楽しく参加している。

## 第5節　おわりに

　当事業所におけるＳさんとＹさんに関する事例を紹介した。当所と園との連携の特色として「緊密な連携体制」と「迅速な対応」の2点をあげたが、この2事例を通して具体的に述べられたと思われる。つまり、児発管が中核になり、各組織のスタッフや保育士等が「子ども理解」や「支援内容・方法」を共有等することで、実践の質的向上と支援の連続性を担保できていることが大きなメリットといえるであろう。本実践例を通して、連携の機能充実・強化が、地域でのダイバーシティ・インクルーシブ保育進展に寄与する一つの要因であることの理解が進めば幸いである。

（瀧澤　聡・清水　ゆき）

引用・参考文献
・ 厚生労働省（2017）「児童発達支援ガイドライン」.
　 https://www.mhlw.go.jp/file/06-Seisakujouhou-12200000-Shakaiengok
　 yokushougaihokenfukushibu/0000171670.pdf

## Q1 いろいろな子どもたちの思いや感動を 出発点とする造形活動・アートとは？

## A.

　ダイバーシティー・インクルージョン保育では、一人ひとり違っていて個性豊かな子どもたちを、誰一人として区別したり排除したり、さらには分離したり無理に統合したりすることなく、すべての子どもたちを包含し、お互いを認め合って、ともに生活していくことが求められる。

　日本では平等と公平が同じような意味で用いられることが多いが、一人ひとり違っていて個性豊かな子どもたちを、平等の環境に置くだけでは不十分である。全員が同じ状態になるようにするためには一人ひとりの差異を考慮して公平な環境を作り上げることが大切である。幼児教育施設では、一人ひとりの差異を考慮し、お互いがそれぞれの差異を認め合い、助け合い、協力し合う集団づくりを通して共生できる保育・教育やそのための環境が必要である。

　外国にルーツのある子どもたちの中には、日本語や母語等の言葉では十分に自己を表現できない子どもたちも少なくない。また、複数の国や文化の間で成長しているために複数の文化や価値観を自分の中で統合して、アイデンティティを確立させなければならない子どもたちも多い。とても残念なことではあるが、今の日本社会では、日本語が分からなかったり、文化が違うことはマイナスであると捉えられることが多く、そのために子どもたち自身が母国の言葉や文化を否定したり、日本に同化しなければならないのではないかと苦悩することも多い。そのために、子どもたちの心の中ではさまざまな葛藤が生まれ、子どもたちの心身に大きな負荷を与えているという現状がある。

　このような中にあって、子どもたちの周りにいる大人たちが、子どもたちに造形活動やアートを使った自己表現ができるところで、国籍・世代・文化を超えた交流の場を持ち、自分はありのままでも受け入れられるんだ、自分は無理に周りに合わせたり変わったりする必要はなく自分のままでいいんだと感じられる機会を作り出してあげることはとても大切なことである。違いを周囲と分けるものではなく、多様性であるとして受け入れられるような機会を作り出すための造形活動やアートの可能性は大きい。なぜ

なら、造形活動やアートは、個々の表現を大切しようとする基盤があり、また同時にみんなで協力して一つのものを作り上げる共同製作という領域も兼ね備えているからである。このことはダイバーシティ・インクルージョン保育の核心ともいえよう。

　子どもたちが造形活動やアートを実践するとき、誰かの例に倣って同じような作品を作る必要はなく、また何かのルールに縛られる必要もなく、一人ひとりの子どもたちが感じたように、また作りたいように作品に向かって作っていくことができる。色や形といった造形的な要素は、個々の子どもたちには、その子どもたちが生まれ育ってきた世界や環境によって違ったものがある。例えば、日本の伝統色やイギリスのスコットランド地方のタータンチェック等、それぞれの国や地方には独特の色・模様・形等があり、そこに生活してきた子どもたちは、多かれ少なかれその影響を受けている。そして、それらのことは、造形活動やアートの世界では、かえって個性や独創的というように良い意味に受け止めることができる。

　一方で、障害のある子どもたちにとっては、それぞれの障害を考慮した造形活動やアートが必要となる。そこで、その内容について考えてみたい。例えば、パレットというと、そこにいろいろな色の絵の具を出して、筆や筆洗等とともに絵を描いていくための道具である。ダイバーシティー・インクルージョン保育における造形活動やアートについて考えてみたとき、このパレットは、これまでの造形活動やアートの枠を超えて大きく自由に捉えることができる。通常のパレットにはいろいろな色の絵の具を乗せるが、色のパレットと限定的に考えるのではなく、子どもたちの障害を考慮したうえで、音のパレット・手触りのパレット・香りのパレット・味のパレット等を配慮することによって、その範囲を大きく広げてパレットを捉えてみることができる。このように考えるとき、ダイバーシティー・インクルージョン保育では、造形活動やアートは、限定的に制限されるものではなく、逆により一層その自由度が増していくようにさえ感じられる。子どもたちにとっては、自分とは異なるさまざまな子どもたちの表現に影響され、よ

り自由により思い切った表現へと導かれていく可能性を持っている。さらに、子どもたちの作品や活動がダイナミックに展開される可能性も持っている。

　このように一人ひとり違っている個性豊かな子どもたちのことを考慮した公平な保育環境で造形活動やアートを実践していく中で子どもたちを支援するにあたっては次のような点を大切にしたい。①優しい心を持って子どもと接する。②子どもの気持ちに寄り添う。③子どもの話を聴く。④子どもの主体的な活動を保障する。⑤関心を払いながら子どもの動きをそっと見守る。⑥きれいだなあ！不思議だな？といった子どもの思いを汲み取る。⑦子どもが試行錯誤できる環境を保障する。⑧子どもが周囲を気にすることなく失敗できる環境を保障する。⑨子どもをそのまま受け入れる。⑩必要なときを見極めて子どもを褒める。⑪どうしても必要なときには子どもたちとともに造形活動を楽しむ。

　子どもたちの造形活動は、不思議だなあ？なぜだろう？ということから出発することもあり、またきれいだなあ！美しいなあ！という思いや感動から出発することもある。探求心旺盛な子どもたちは、一人で学んでいく力を持っていて、自らいろいろなことに気付き、試行錯誤しながら経験を重ね、またときに失敗を重ねながら多くのことを学んでいく。その子どもたち一人ひとりの活動を大人が阻まないことが何より大切である。

（樋口　一成）

## Q2　音楽表現遊びの視点から考える 外国にルーツのある子どもへの支援とは？

## A.

　保育において、乳幼児に対するは言葉によるコミュニケーション以上に非言語コミュニケーションが重要になる。言葉の獲得が十分でないというだけでなく、子ども自身がさまざまな感情や意思について学んでいる発達過程であることがその理由である。子どもたちは、日々の生活における驚きや発見を言葉に置き換え、保育者や周りの大人の共感や支援を受けてそれらを一つずつ理解していく。

　身体や心に障害のある子どもは、それぞれの特性による困難を抱えている。また、外国にルーツのある子どもは日本語を母語としないことで、保育者や他の子どもとのコミュニケーションに課題があることが多いと考えられる。一方で音楽は言葉が通じなくても共感し、互いに理解できる非言語コミュニケーション・ツールとして、アートから医療までさまざまな場面において利用されている。リズムを感じて一緒に歌ったり演奏することで、楽しさを共有、増幅させて一体感や安心感を感じることができ、子どもたちの大切な居場所ともなる。ここでは心身に障害のある子どもや外国にルーツのある子どもを含むダイバーシティ・インクルージョン保育において活用するための音楽表現遊びを紹介する。

　＜音を聴く＞

　音楽表現遊びの基本は、“聴く”ことである。日々の生活の中で聞こえるさまざまな音に耳を澄ませ、その心地良さを楽しむだけで十分に音楽表現遊びになる。散歩中に聞こえた音をクレヨン等で色や形で表現したり、擬音で表現したりすることで子どもの感動を共有し、共感することに繋がる。

　音楽表現遊びにおいて保育者が特に留意する必要があるのは、子どもの表現そのものを受け止め、認めることである。そして子どもが音をどう感じてどう表現したか、その過程をこそ大切にするべきである。

　＜音を真似る＞

　保育において日常的に行われている保育者と子ども、子ども同士による真似っこ遊びも音楽表現遊びとして展開できる。身の周りの自然の音や生活の音を声で表現する遊びでは、その子どもなりの感性や表現を楽しみた

158

い。また、簡易打楽器や手拍子を用いたリズム遊びにおいては、送り手と受け手が互いの目を見てリズムを受け渡しすることが大切であり、そこで生じる非言語コミュニケーションでのやり取りを楽しむことが共感に繋がる。さらに、聞こえた音を声で真似たり、日用品や廃材で再現するのも面白い。例えば森の中で実際に鳥の鳴き声を聴きながらそれを真似る音楽表現遊びでは、多様な表現が生まれるだろう。子ども一人ひとりが違う聴き方をし、また表現の仕方も様々である。真似ることを通して物事を観察する力を養い、それらの違いを楽しみ、受け入れることで他者理解にも繋がる。

　　＜歌う＞

　歌唱は保育において最も多く取り入れられる活動の一つである。好きな歌を好きなように気持ち良く歌うことは子どもたちの心の安定にも効果的であるが、ダイバーシティ・インクルージョン保育の視点からさらに音楽表現遊びとしても展開できる。まず＜音を聴く＞で述べたように、音や声を"聴く"ことに注意を向けることによって子どもの豊かな表現を引き出しながら、歌う楽しさや声の響きの美しさを味わい共有したい。また、応用として、保育者がいつもと違うテンポや音の強弱でピアノを弾いてみたらどうだろうか。テンポは動きのイメージに繋がり、音の強弱は体の大きさや強さとして捉えられることで、さまざまな生き物や感情を表現する遊びとして展開できる。音をよく聴くことは、子どもが身の周りのさまざまな変化に気付き、興味を持つきっかけとなる。言葉も音として捉えることができる。言葉の持つリズムやアクセントに注目し、外国にルーツのある子どもの母国語による歌や遊びを取り入れることも新鮮な音楽体験になるだろう。

　　＜合わせる＞

　"合わせる"ことも音楽の大切な要素の一つであり、子どもにとって楽しい遊びとなる。例えば保育者と同時に手を叩く遊びがある。保育者は目線や予備動作によって手を叩くタイミングを子どもに伝え、子どもはそれを感じて合わせようとする。一緒に音が揃うことで心地良さや一体感を感じられるが、仮に合わなくてもそれによって生まれたいろいろな音やリズムを楽しめる。保育者がわざとタイミングを外す等、ゲームとして楽しんでもよい。歌唱や楽器遊びの場面では、保育者の合図や友達と合わせることによって自然と視線を交わし、非言語コミュニケーションが促される。音楽表現遊びがもつ多様な要素を大切にしたい。

（麓　洋介）

## Q3　多様なニーズのある子どもたちの運動遊びを豊かにするためには？

**A.**

　子どもの運動能力とは身体的な動きやスキルを習得して発展させることを指す。子どもたちは成長と経験を通してさまざまな能力を身につけていく。日本発育発達学会は『幼児期運動指針実践ガイド』（2014）において「毎日、合計60分以上、楽しく身体を動かす」ことの推進にあたっては「多様な動きが経験できるように様々な遊びを取り入れること」「楽しく体を動かす時間を確保すること」「発達の特性に応じた遊びを提供すること」をポイントに挙げている。これらを達成するためには一人ひとりの発達に応じた支援、思わず体を動かしたくなる環境構成の工夫、安全に対する配慮、家庭や地域に情報を発信してともに育てる姿勢を持てるようにすることが重要とされている。また、小川・田中（2022）は、ダイバーシティ・インクルージョン保育では子ども一人ひとりの差異やニーズを保育者がとらえておく必要があるという子ども理解の重要性を指摘し、あらかじめ子ども理解に基づき多様な展開を見通した保育実践をデザインすることが求められると述べている。

　子どもの運動能力には年齢差や性差、体格や性格があり、誰一人同じことはない。子ども一人ひとりの差異やニーズをとらえ、子どもの好奇心を途切れさせないようにするためには、待ち時間を減らし、常に動きのある遊びを提供することが重要であると考える。

　ここで"忍者ごっこ"のような"ごっこ遊び"にサーキット遊びの要素を加えることで"忍者の修行"と称した表現運動遊びを例にあげる。マット、跳び箱、平均台や巧技台等を用いて簡単なものからやや難しいものまで、子どもの個々の運動能力の差を考慮して、3から5種類程度設定する。各種目間の移動部分でいろいろな歩き方（足を使わずに移動、音を立てずに歩く等）を混ぜることで全体のスピードをコントロールしていく。各種目においても2コース程設け、難しさに幅（高さ、距離等）をもたせて子ども自らが選択できるようにすることで発達に応じたスモールステップを配慮することができる。子どもが忍者になりきり、サーキットコースを周回しているところへ、保育者が移動しながら子どもへかかわり、個々の運

動能力にあわせた支援・助言をする。こうすることで、子どものモチベーションを保ちつつ、一人ひとりの差異やニーズにあわせた能力向上を目指していく。その際、何ができて何ができないのかを確実に見抜く力が保育者に求められることは言うまでもない。保育者においては、何をどうすれば子どもが一つの運動をできるようになるのか、適切な動作を理解しておくことが重要となる。そのためには、段階的なアプローチが可能となるように、その運動を構成する要素を把握して、動作の過程を分解して捉えていなくてはならない。さらに、保育者のイメージと子どものイメージが共有できていなければ、達成することが困難になったり、時間がかかったりする。これは、子どもの好奇心の低下を招き、飽きに繋がってしまう。また、使用する遊具や道具の特性や使用方法、メンテナンス等最低限の知識を有することも重要となってくる。

　次に、子どもからの視点に着目する。浦野、藤井ら（2023）は 2019 年の幼児の運動能力に関する調査およびその保護者に行った降園後の生活習慣についてのアンケート調査の結果から、年長男児 546 名を対象に幼児の遊び嗜好と運動能力の関係を解析した結果を報告している。遊びの好みは「動的遊びを好む群」「静的遊びを好む群」「どちらとも言えない群」に分類して子どもの運動能力の分布との関連を検討したものである。結果、体格の要因が影響しやすいと考えられる種目においては、有意な差が認められなかったが、神経系の発達要因や運動経験が影響しやすいと考えられる種目に有意差が認められた。子どもの遊びにおいて動的遊びを好むことが必然的に運動経験を多くし、神経系の発達要因が影響しやすい運動能力が高くなると考えられる。

　ダイバーシティ・インクルージョン保育においては、先述した子ども一人ひとりの差異やニーズを保育者がとらえておく必要があるという子ども理解に加えて、運動を構成する動作の要素を把握しておくことがたいへん重要となる。併せて、子どもたちが体を動かすことを嫌いにならないような創意工夫が求められる。子どもが関心を抱き、主体的に体を動かそうとする導入部分となる誘いにおいては、雰囲気づくりが最も留意すべき点となるのではないだろうか。「楽しそうだ」と感じることから全員を巻き込んで運動することになる。また、他児の様子を模倣するといった点も幼児教育の場では欠かせない。こうした点を園内の教職員に伝えておくことが、園経営（園づくり）になり、ダイバーシティ・インクルージョン保育の運動あそびには欠かせないものであると考える。

（浦野　忍）

引用・参考文献

・文部科学省幼児期運動指針策定委員会（2012）『幼児期運動指針』.
・日本発育発達学会（2014）『幼児期運動指針実践ガイド』杏林書院.
・小川英彦・田中謙（2022）『ダイバーシティ・インクルージョン保育』三学出版.
・浦野忍・藤井勝紀・可児勇樹・田中望・武山祐樹・内藤譲（2023）「幼児の遊び嗜好と運動能力の関係－年長男児における解析－」『The Journal of Education and Health Science』69, 75.

## Q4 ICT を活用する具体的場面と導入時の留意点は？

**A.**

　現在の幼児教育施設の現場においては、ICT は多様な場面で活用されている。保育実践では、デジタルカメラやスマートフォン、タブレット PC を利用して、虫や花の画像を撮影して種類を調べたり、ほかの子どもに紹介するプレゼンテーションを行ったりしている。他の幼児教育施設や小学校、中学校、高等学校等とオンライン会話ツールを通して交流活動する実践も、コロナ禍のときには行われてきた。保育者の業務では、在園児の家庭環境関連情報や指導要録、個別の支援計画、個別の指導計画、併用する療育機関・療育内容等の指導情報管理、頻用・常用薬、検温、排便、午睡時間の健康管理等児童の情報管理に用いる他、職員の勤怠管理やシフト管理、給与や旅費精算等の経理・会計管理、消耗品の在庫管理や発注等の運営管理、財務管理、人事管理、事務管理のいずれの園務（業務）においても、ICT を活用した業務管理システム整備が進められてきている。さらに保育実践をドキュメンテーションとして画像・動画に記録し分析する保育実践研究や研修にも活用されている。保育実践の質向上にも ICT は欠かせないツールとなっている。

　また近年では欠席連絡受付、登降園記録、引き渡し訓練時の日時・場所確認等子どもの安全確保につながる保護者との引き渡し時の確認、連絡帳、園だより、保護者参観保育・保護者面談時の日程調整等、保護者とのコミュニケーションにも ICT を活用する幼児教育施設が増加している。保護者アンケートや行事、イベントの写真購入、入園説明会申込等も ICT 化することで、作業の効率化のみならず、確実性の向上にも寄与している。

　その中で、ダイバーシティ・インクルージョン保育においては、日本語を母語としない子どもや保護者とのコミュニケーション時に翻訳アプリを利用されたり、海外にルーツのある子どものつながる国や地域に関する動画を他の子どもとともに鑑賞し、その文化背景等の理解を促す関わり時に

も利用されたりしている。在宅・入院生活が長い病弱児や幼児教育施設を欠席せざるを得ない事由のある子どもがＶＲを利用した疑似体験を行う際にも利用され、多様な体験・経験の不足を補っている。また、直接的に保育活動に使用するだけでなく、基礎自治体では登録制を採る場合の多い一時保育や病児保育での事前登録や利用可能施設の空き状況の情報発信、利用予約・変更・取消等、保護者にとって利便性の高い保育サービス提供時にも活用されている。

　このように ICT は入院等の理由で登園に制約のかかる子どもや、園外、外国等物理的に距離のある状況下で交流を望む子どもにとっては、一定の活動が実現したり、交流が可能になったりする点から、保育実践において有益なツールとなっている。さらに、日本国内の他の地域や海外の幼児教育施設とネットワークを介してつながることで、子ども同士の交流活動が可能となったり、施設の植生環境（桜の開花時期の違い等）の情報交換を行ったりすることもできる。また、近年では重度・重複障害児といった障害が重く、表情筋での反応が読み取りにくい子どもの意思表出を、分析カメラでの検知を通して理解する解析手法の開発、実用化も進められている。今後 ICT 技術の向上により、さらに多くの用途に使用可能な ICT 機器等の開発が進むことが予想されるため、保育実践を含む幼児教育施設の経営において、ICT を活用するための研修や保育研究の進展が望まれる。

　その際、ICT 機器環境を整備するには初期コストがある程度かかることが多いため、短期的な費用対効果にのみ目を向けるのではなく、中長期的なコスト試算と保育実践、業務改善効果を見通した経営判断が求められることに留意したい。また、保育実践に活用するうえでは保育者の十分な研修が不可欠であるため、園内、園外研修の充実にも努めたい。

（田中　謙）

164

## Q5 多国籍の異文化背景をもつ子どもの生活を支えるには？

**A.**

　昨今、幼児教育施設には多様な文化背景をもつ子どもたちが入園、入所しており、外国人労働者の多い地域にはクラスの半分が外国籍という園もある。そのため、まだ日本語を習得していない両親の子どもに対して、低年齢であればあるほど言葉の壁が大きいことが容易に想像できる。これからグローバル化していく社会には、保育の現場でもこうした子どもに配慮した支援が必要になっていくと考えられる。著者の勤務する園の事例から保育の中で見直したい点等を考えたい。

**事例1**

　B君(満3歳児入園。両親ともにブラジル国籍。母国語はポルトガル語。両親ともに日本語の理解は浅く、少しの会話はできるが書面は読めない。)

　まだ入園間もないB君は、不安で泣いての登園が続き、園生活でも発語は母国語が少し出てくる程度だった。B君の気持ちに寄り添いながら、まずは安心していられる居場所づくりが必要であった。怒って泣いているとき等は無理をさせず、保育者と一つずつ丁寧に関わっていくことを大切にした。日本語が伝わらないので、翻訳アプリを使って指示する等試行錯誤していた。一方、子ども同士の関わりでは、さほど言葉がいらないこともあり、楽しむ様子が見られた。保護者にはB君の園での様子がうまく伝わらず、先生がうちの子をいじめているのではないかといった訴えがあった。

　解説：翻訳結果のニュアンスが伝えたいことと違ったり、十分に伝わりきれなかったことが重なり、本当に伝わっているのかという保育者の困難感とともに、保護者の不信感にも繋がっていた。また、担任保育者が電子端末を使いこなせていなかったことが保護者との信頼関係が築きにくいことに繋がった。低年齢のため、B君の日本語の理解が浅かったこともその要因となっている。

**事例２**

　Ｈちゃん（年中組の１月から途中入園、両親ともに中国籍。父：日本語での会話は成立する。日本語の読み、書きもできる。母：日本語はまったく分からず、読み書きもできない。）

　入園当時はコロナ禍中で、園に感染者が出ると２か月間欠席が続き、年中組ではほとんど登園していなかった。そのため、年長組に進級してからも初めは一日中泣いて過ごしていた。泣かない日が増えてきた頃でも、ごっこ遊びの大まかなルールは分かっても細かいニュアンスが伝わらなかった。身近な物の名前（帽子、靴、服、ズボン）、色は赤と青、数字は１～３まで、うさぎ、ねこ、ピカチュウ、トイレ、手、ウォッシュ（洗う）等の簡単な日本語の語彙（単語）は50語くらい理解していた。話す言葉も「ママー」等一語文だった。幸い、同じクラスに日本人のお父さんと中国籍のお母さんの日本語と中国語を理解しているＭちゃんがいたため、Ｈちゃんに保育者の指示等を中国語で通訳してくれ、少しずつ泣かずに過ごせるようになっていった。こうした経験があって５月から10月まではほとんど欠席せず、日本語での口数も増え、語彙数も倍以上になった。保育の中でもイラストや絵本を見せたり、数字の歌を歌ったり、簡単なクイズをしたりと、Ｈちゃんの興味のあることからやりとりを密にして日本語の単語を伝えていった。11月頃の就学前健診を境に就学への不安からか、Ｈちゃんがトイレに行く回数が増え、休みが続くようになったが、Ｈちゃんの様子や園の連絡は主に父と電話や連絡帳でやり取りをし、連絡を密にした。２月頃からはまた園に来られるようになり無事卒園した。幼小連携の一環として、小学校の入学式の日に年長組の元担任保育者、保護者と小学校の担任、教務主任、日本語教室の教諭、三好丘小のTORCIDA（後述）の職員が集まってＨちゃんの様子等を話し、共通理解を図った。

　解説：Ｈちゃんに対して良い支援ができていたかという観点では、通訳してくれていたＭちゃんの存在は大きかったといえる。Ｈちゃん自身の模倣する力や言語の面の理解力もあったこと、また父の協力もあったため、

良い方向に向かったと思われる。在園中に他機関での親子教室へはあまり
行けていなかったが、入学後にも他機関の職員と連携し、保護者を含めて
話し合いが持たれたことがスムーズな移行につながった。

**事例から保育実践の中で見直すべき点**

　事例1：電子端末での支援のため、園では教職員がiPadやポケトーク
等を1台ずついつでも使えるよう導入し、電子端末・アプリ等を使いこな
せるように園内研修をして共通理解を深めるべきである。また、ICT化に
伴い保護者に向けて園だより等の配布物や連絡事項を配信する場合は、自
動的に言語変換（多国語完備）できるアプリを選ぶことも有効である。そし
て、多言語の通訳者・支援者等の外部の他機関との連携も必要である。実
際の現場での取り組みには私立園、公立園、各市区町村間で差が激しく、
常時園に勤務していないと難しいこともある。

　事例2：愛知県みよし市では、小学校にNPO機関があることで日本語
を習得していける環境が整っている。（例：愛知県みよし市三好丘小学校
初期指導教室みよしJSL - NPO TORCIDA）幼保との連携を密に取り、日本
語を習得できていない親子を対象に親子教室（月に1回程、長期休み期間
中等定期的に開催し、三好丘小学校区以外の親子も対象）を小学校入学前
から勧め、入学以降も連携を充実させ、その子どもへの日本語教育の支援
を継続している。地域にも困っている親子を支援できる他機関があるか、
相談に行けるような窓口やコミュニティを紹介していくことが必要であ
る。また、みよし市では『つながりシート』といった、就学前に記入し、幼
保小中まで引き継げる支援についての書類がある。このような切れ目のな
い支援が必要な子どもには有効なツールの一つである。今では各市町村が
独自に作成しているため、就学前にそのようなツールのことを保護者に説
明し、使用するかどうか確認することが必要である。中には就学すると言
語の問題だけなのか、それとも限局性学習障害なのか判断ができず適切な
支援が遅れてしまうケースもある。

**どのような環境構成を試みることで多様性を生かした保育実践が可能となるのか**

　低年齢であればイラスト、絵カード、絵本等の簡単な絵を見て母国語と日本語の単語を増やす語彙訓練を意識的に行っていく。ときには電子端末も使用し、母国語も大切にしながら、少しずつ日本語を覚えていけるよう、音楽やダンス等を取り入れながら遊びの中に織り交ぜていくことが必要である。また、言葉の問題だけではなく文化の違いでは、宗教上の理由から食べられない肉があったり和食が食べられなかったりするので、個別に対応が必要である。そして、年齢が上がるにつれクラスの子どもが他国の文化を知り、子ども同士が支え合い、補い合う等、共生できる環境を作りだす保育者の働きかけは重要である。（例：みんなでHちゃんに中国語を教えてもらうクイズをする等）本園では園庭開放（月に1回程度で土曜日に開催し、在園児以外も参加可能）を活用して、柳城大学の多文化共生の教職員や学生の主催で、在園児はもちろん近隣に住む多国籍の子どもたちに向けてのイベント等を数回開催した。園児以外の地域住民も他国独自の文化や遊び等を知るきっかけづくりの一つにもなった。園からの発信で地域の子どもや大人を巻き込み、より一人ひとりの個性が尊重される仲間づくりができ、寄り添う園経営（園づくり）ができるといえるだろう。

（北野　明子）

引用・参考文献
・小川英彦・田中謙（2022）『ダイバーシティ・インクルージョン保育』三学出版.

参考サイト
・先生方に使っていただきたい保護者支援の教材｜教材一覧｜外国人児童生徒支援リソースルーム愛知教育大学（aichi-edu.ac.jp）
・プレスクール実施マニュアルの作成・普及 - 愛知県（pref.aichi.jp）

168

## Q6 重度・重複障害児も ともに育つ環境を整えていくためには？

**A.**

　重度・重複障害児に対する指導のポイントは、（1）重症といえども子どもの状態は日々、その瞬間で変化している場合が多いことから、日常の心身の状態を起点に、子どもの変化を丸ごととらえ、現在の状態に応じた指導を見つけていくこと、（2）医療的ケアを含め、健康や安全を意識した生活リズムの形成を心がけた指導、（3）子どもの発達を意識して興味・関心の幅を広げられるよう関係者のつながりを見据えた協働の指導、といった視点にある。そのうえで、さらに、重複障害児がわずかな部位を懸命に変化させて、私たちに意思を伝えようとしている様子を読み取り、例えば一つの手がかりとして手指機能の操作と自己コントロールの関連性から指導の方法を模索してみる場合がある。

　手指機能の操作と自己コントロールの関連性については、これまでの研究から総合的な身体運動を自己コントロールしていく指導の必要性が言われてきている。重度・重複障害児の多くは知的障害を有している場合が多い。そのため、知的障害児の動向を踏まえてみると、知的障害児の手指機能の操作においては、目と手の協調運動も上肢と下肢の連続性が関係しており、さらに行動問題と影響している点からも、認知的側面を焦点に身体を自己コントロールすることは有効的な手段といえる（高橋, 2010）。

　動作法という考えからも、自己コントロールの活性化を行うことで意思表示の指導がしやすいと考え、その関係性を図Q6-1のような概念図に示す。

　日常生活における物事への操作性の向上や姿勢保持、体の気づきを育てることで、身体運動の調整や敏捷性、認知面が向上し、さらに個々の課題に応じてスモールステップを設定することで自己コントロールが促され、日常生活の自立を促す姿勢の変化につながっていくことが明らかにされている。この指導は知的障害児において考えられたものであるが、操作性や身体への気づき、姿勢保持といった身体を動かすことが困難な肢体不自由、さらにこの双方を併せ有している重複障害児においても、適応できるので

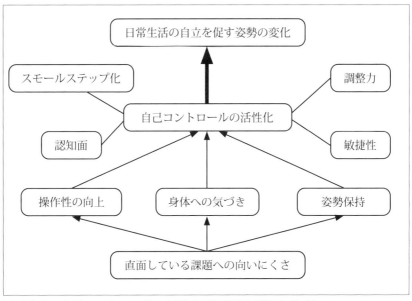

図 Q6-1　自己コントロールの活性化図（里見 2012 作成）

はないかと考えられる。重度・重複障害児への指導法が原点にあり、他の多様な障害へも共通して有効である点に注目したい。

　これらを踏まえ、重度・重複障害児を幼児教育施設で受け入れていくためには、保護者をはじめ、療育施設や医療機関等と連携を図りながら、担任をはじめ、主任、施設長等幼児教育施設が一丸となりチームとして支援体制を整えていく必要がある。また、必要に応じて担任のほかに支援員を配置する等人員の加配が必要な場合も考えられる。ただし、例えば机上で行う造形活動等の場合は担任のみで対応できる等、その活動のねらいや対象幼児の活動状況を考えながら必要に応じて支援員を配置することが望ま

しい。そのうえで支援体制の点検・見直しを含め、年に３回ほど、定期的に幼児教育施設全体でのケース会議を開くことが大切である。またその際、対象幼児の今できていることや、今はまだ難しいがもう少しでできそうなことに着目し、現在できることへの持続性やさらにできることを増やすことについて話し合いの話題として検討してほしい。さらに、年１〜２回ほど保護者をはじめ療育施設や医療機関等との支援会議を開催し、専門家の意見も取り入れながら支援体制の充実を図ることが求められるであろう。

（里見　達也）

引用・参考文献
・里見達也（2019）「8　重複障害」河合康・小宮三彌編著『分かりやすく学べる　特別支援教育と障害児の心理・行動特性』北樹出版 158-170.
・高橋ゆう子（2010）「知的障害児における身体の自己コントロールが日常行為の発達に及ぼす影響－動作法の適用と靴下履きの変容の分析－」日本特殊教育学会『特殊教育学研究』48（3）,225-234.
・里見達也（2012）「知的障害児の手指機能の操作と不器用さに関する研究動向」『山梨障害児教育学研究紀要』6,91.

## Q7　就学に向けた実践例と幼保小接続のポイントは？

**A.**

　小学校に入学すると、「遊び」から「授業」へ学ぶ環境ががらりと変わる。小学校では 45 分間椅子に着席した状態で授業を受ける。授業が終わると 10 分間の休憩後、別の教科の授業が続く。休憩時間には友達と過ごすことが多い。そのため、卒園までに数字、文字が読めるようにすること、４５分間集団活動に集中できるように「集中して学ぶ力」と友達と仲良く遊べるように「かかわる力」を培う必要がある。

　そこで、私の勤務する保育所の就学指導の実践例を紹介する。小学校に入ると出席番号が指定されるため、年長クラスになると、靴箱に番号を示す。番号と名前（ひらがな）の一覧を見て自分の番号に自分の靴を入れるようにし、数字や文字に関心を持つことと同時に、出席番号を意識づけるようにしている。園児は、毎日の習慣の中で出席番号が自然に理解できるようになっていく。そして、年長になるに従って、主体的に遊ぶことができるようになってくる。就学に向けて、「英語・体操・リトミック」等の課内学習時間に外部講師を定期的に招き、特定の先生から 1 回 30 ～ 40 分くらいの一定時間、集団学習に参加し「集中して学ぶ力」を培うようにしている。そして、日頃の保育活動の中でもクラス担当保育者が、「遊び」で学んできたことを積み上げ、繰り返すことで達成感や成就感が得られるようにしてさらに学習意欲を高めている。しかし、園児の中には、活動の切り替えが難しい子どももいるので、「遊び」を片付けが終わるまでとして、次の活動への見通しがわかり主体的に切り替えられるように、入園当初から段階的に個々の発達に応じた支援が必要となる場合がある。

　さらに、小学校に入学すると、他の保育所からの友達との出会いもある。そのため、誰とでも遊べる「かかわる力」を身につけておくことも必要である。本園では登降園時に、保育者は子どもの目の位置に自分の目の高さを合わせ、大きな声で互いに挨拶をするようにしている。通路ですれ違うたび、保育者は自然に誰とでも挨拶ができるように意図的に働きかけることで、来客者に対しても子ども同士でも、自然に大きな声で元気よく挨拶ができるようになってきている。しかしその一方で、友達同士で物の取り合

172

いになることがある。「取り合い」は社会性の発達過程において、人間関係を形成していくうえでとても重要な学びの過程であるが、発語が少ない子どもや感情と行動のコントロールができない子どもは、「貸してほしい」が言えないことから、物を投げつけたり、噛みついたりすることがある。小学校へ入学すると、自分の意見を発言する機会も増え、友達と協力しながらグループで進めていく活動もあることから、物の取り合いになったとき、保育者が「貸してほしいんだな」ということを察したら、「かして（・・・）」、といえるように促し、貸してもらったら、何て言うの？「ありがとう」と言うといいよね、と保育者が仲介することで、自分の気持ちを友達に伝えられるようになり、コミュニケーション力を高め、社会性を養うようにしている。しかし、子どもたちの姿が多様化している昨今、保育所における就学指導は、個々の子どもの有する個別なニーズも多様化し、集団の中で活動の切り替えや集団行動が難しい子どもも増えてきている。本園では、年長クラスの中で気になる子どもの個別情報を進学先の小学校に提供し、幼保小連絡協議会に参加して園と学校の間で情報の共有を図っている。そして卒園が近づく頃、進学先の小学校教諭が年長クラスの保育活動を参観し、必要に応じて関係機関にも加わってもらい懇談の機会を設けている。卒園式間近になると、本園の年長クラスは通学路を歩いて進学先の小学校まで行き、小学生との交流活動の機会を持たせてもらっている。

　このように、幼保小の接続を通して、卒園後に小学校へスムーズに進学できるようにする橋渡しの機能を保育所は担っている。文部科学省「幼保小の架け橋プログラム」のように幼保小接続が進められ、特別支援教育においても就学支援シートを活用した就学指導が行われているが、ダイバーシティ・インクルージョン保育においても、幼保小接続は個々の発達に応じた支援を実現するうえで重要な取り組みであるといえる。

（野村　敬子）

# 外国にルーツのある子ども支援における通訳者を活用とした支援の事例とポイントは？

## A.

　外国にルーツのある子どもの保育において、課題の１つとなるのが言葉の違いである。ある幼稚園では、日本語が分からない保護者と子どもが園見学に来た際、通園している語学に堪能な日本人保護者に通訳として協力してもらい、園の説明をした。別の園では、入園後は外国にルーツのある子どもの日本語習得が保護者よりも早いため、３歳児が通訳をしてくれたことがあった。このように、園長をはじめ保育者は、外国にルーツのある親子と、手探りでコミュニケーションをとっているのが現状である。

　三菱 UFJ リサーチ＆コンサルティング（2021）の調査によると、全国の市区町村の保育主管課（1,741 団体）および保育所等（保育所・保育所型認定こども園・地域型保育事業を行う事業所約３万か所）を対象として実施した Web アンケートの結果（市区町村アンケート回収率 44.9％、保育所等アンケート回収率 36.0％）、「外国籍の子どもが在籍する保育所等の割合は60.2％」であったが、あくまで保育所等の認識によるものであり、実際の状況とは異なることに留意が必要であるとしている。その中で、「言語面のサポートが必要なときに、自治体で雇用している職員を派遣している」との回答が、外国人人口比率が高い市区町村では２割程度であった。また、「自治体が翻訳機器を購入して、貸与している」との回答も、外国人人口比率が高い市町村で２割程度であった。さらに、資料翻訳等については、入園手続きや日々の保育で必要な資料のひな形を多言語化し、自市区長村内の保育所等に提供していると回答した市区町村の割合が高かった。

　このような多言語のひな形は、保育者と外国にルーツのある親子とのコミュニケーションの手助けとなる。しかし、筆者がある幼稚園で話を聞くと、「明日は台風が近づくため、休園します」といった臨時休園のお知らせや感染症による急な休園の連絡が必要な場合、その状況に合ったひな形がなく、保護者へのお便りやネットアプリの連絡網で、日本語のみで休園の情報を発信した。すると、外国にルーツのある親子だけが次の日に登園してしまったということであった。このような非常時、園では保育者がスマホの翻訳アプリを使うこともあったが、外国にルーツのある保護者に細

かなニュアンスまでは伝わりづらいと感じ、苦労していた。園長は、「あすは、おやすみです」といった簡単な日本語で伝える必要性を感じたということであった。すでに通訳の派遣や翻訳機器の貸与、保育で必要な資料のひな形の多言語化が進められているが、まだどれも十分ではなく、保育者が外国にルーツのある保護者への伝達に苦労していることが分かる。

　具体的な園の取り組み事例が、前述した調査で紹介されている。静岡県富士市では、公立・私立を問わず外国籍等の保護者とのやりとりについて、通訳が不足していた。保育士が無料の翻訳アプリを利用しているが、精度に課題があること等の意見が上がった。市で翻訳機器を購入し、希望のある保育所へ貸し出す形式で、23台の翻訳機器の導入につながった（p.5）。

　また、兵庫県姫路市では、保育所等の入園前診断の際、子どもの発達や健康状態等に関する質疑や保育所の決まり事の説明等で、微妙なニュアンスが伝わらず、課題となっていたため、2014年より外国籍等の子どもの多い園に通訳を派遣する事業を開始した。小学校の就学前の連携相談（発達相談）、発表会等のイベント開催時の各種説明、在園児の継続手続きのサポート、その他個別相談で、通訳が派遣されている（p.12）。このように、保育所等では、「入園時の手続や行事、日常の子どもの様子に関するやり取り、病気やケガといったトラブル等、保護者・子どもとのコミュニケーションが必要となる場面」が多々あり、そうした場合、外国語に精通した通訳を配置・派遣することが有効な手段である（p.11）。

　通訳等の専門人材を保育部局で雇用したくとも、保育部局単独では確保できない場合、「庁内の国際関係部局に在籍する通訳に対応を依頼する」方法や、地域の関係機関である「国際交流協会、子育て支援団体、外国籍等の住民支援団体」との連携も提案されている（p.7-8）。これらの事例が示すとおり、通訳者がいるからこそ保育者と外国にルーツのある保護者と

で双方向のコミュニケーションをとることができ、信頼関係が築かれる。

　通訳者の必要性が指摘され、通訳者の定期的な派遣に取り組む自治体もある一方、通訳者が来園する頻度が少ない場合や通訳者が見つからない場合もある。青森県では外国につながる子どもが散在し、母語も多様化している中、大学の教育機能とＮＰＯのネットワークを駆使し、オンラインで通訳者に参加してもらう取り組みが行われている（吉田, 2022）。

　今後は、保育現場でも通訳者の支援がより得られやすくなるとともに、通訳者に保育に関する知識を身につけてもらうことが必要である。さらに通訳者に外国にルーツのある親子のコミュニケーションを任せてしまうことなく、通訳者・保育者・親子の互いの連携を緊密にすることが求められる。

（吉田　貴子）

引用・参考文献
・三菱UFJリサーチ＆コンサルティング（2021）「令和２年度　子ども・子育て支援推進調査研究事業　外国籍等の子どもへの保育に関する調査研究　外国籍等の子どもへの保育に関する取組ポイント集」https://www.murc.jp/wp-content/uploads/2021/04/koukai_210426_17.pdf.
・吉田美保ほか（2022）『令和３年度文部科学省委託事業「多文化共生に向けた日本語指導の充実に関する調査研究」報告書』弘前大学教育学部多文化リソースルーム.
・弘前大学教育学部多文化リソースルーム（2023）「外国につながる子どもの教育支援ガイドブック－多文化共生の学校づくりに向けて－」https://home.hirosaki-u.ac.jp/tabunka/wp-content/uploads/sites/58/外国につながる子どもの教育支援ガイドブック2023web.pdf.

## Q9 早期支援につなげていくための保護者との連携とは？ ： 5歳児健診も踏まえて

## A.

　支援を必要としている子どもは、早期からの保育や療育により、適切な支援を長期的、継続的に受けることが望ましい。支援者と家庭とが連携することで、子どもはどこにいても安定的で一貫した支援を得られる。子どもは興味や発達、育児環境等により一人ひとりの姿は違うので、同じ障害名であっても保護者が抱える困りごとや悩みは様々である。保護者は、子どもへの関わり方の難しさや育児疲れから、うつ病の発症や虐待に至るケースもある。では、どのように早期に発達支援に繋げ、保護者と連携をするのだろうか。

　支援に繋がる主な機会は、各市町村で実施されている1歳6か月健診や3歳児健診等の乳幼児健康診断である。保護者に健診結果を伝え、必要に応じて保健師が相談事業や親子教室、療育施設へ案内している。保育所等に入園している場合は、子どもの育ちをとらえ、保育者から相談事業への案内を行っている。

〇早期支援に繋げるために

　保護者が子育てに悩みや育てにくさを感じている場合、家庭での様子や保護者の悩みをじっくり傾聴することが大事である。傾聴することで、支援者と保護者との関係性が良好になるだけでなく、子どもの興味や生活の様子等、実態と課題がとらえやすくなり、保育や療育の方法に参考になる情報を得られる。一方で子どもが支援を必要としているにも関わらず、保護者が障害の理解や受容が難しい場合もある。支援を必要としている子どもだとは思わない場合や、障害がある可能性を意識しつつも受け止めたくない場合等である。一般的に保護者は、自分の子どもが支援の対象であるとは受容しがたいものである。保護者は、子育てに困難さを感じることもあれば、特性のある姿が子どもらしさであり、個人の魅力や性格だととらえることがある。特に3歳頃までは、落ち着きのなさ、自己中心的な言動、切り替えの悪さ、飽きっぽさ等の姿は、幼児特有の姿であり、障害の特性と見分けにくいところがある。また親子関係のこじれや子育ての方法がわ

からないことによる育ちそびれのために発達障害の特徴が現われている場合もある。

　任意健診として5歳児健診を実施している自治体もある。保護者は就学前に子どもの心身の健康状態や発育、発達を客観的に見ることができ、就学先を考える機会にもなる。5歳児健診が3歳児健診と大きく違うのは集団健診があることであり、集団を意識する年中児の時点に行われる。集団の中で保育者の話を聞くことや集団ゲームを通して、社会性の育ちをとらえ、保健師、臨床心理士、言語聴覚士、作業療法士、小学校教諭等、多数の専門家から多面的に子どもの発達をとらえ、支援に繋がってこなかったケースを保護者とともに再確認する重要な機会となっている。

〇保護者と連携するために
　保護者と連携するためには、当該児の発達や園生活の様子、希望等の情報と課題の共有が必要であり、主に三つの方法がある。一つ目は、年数回の個別の懇談会を定期的に行う方法である。担任だけではなく、園長、主任が同席する、可能であれば巡回相談の心理師（心理士）にも同席を願う等、複数で対応するとよい。タイミングとしては、運動会等の園行事の前に実施すると、行事への参加の目標設定、行事の予告、参加の方法等手立てや配慮について話し合うことができる。行事に向かう活動は、通常と違うスケジュールになり、集団で行動する場面も多く、障害のある子どもにとってはハードルが高くなりやすいため、保護者との連携は欠かせない。また、懇談会で個別の指導計画を活用し、支援の取り組みの結果と今後の計画について話し合い、次の目標と手立てについて、共通理解と情報共有を行うとよい。

　二つ目の方法は、保育参観である。行事として保護者全体で参観するだけでなく、個別に参観する機会を設け、なるべく日常の園、クラス、本人の様子を見ることで、集団生活の場での過ごし方、周りの子どもたちとの関係性、保育者とのやりとりを知ってもらう。参観後に、保育者と保護者

が共有した子どもの姿を話題にできるため、本人の良さや育ちつつあること、集団における課題についても目を向けやすくなる。

　三つ目は、おたよりや記録、連絡帳等による、文字での情報発信である。興味のあることや楽しんでいる遊びについて知らせることができる。ただし、保育の見える化は文字だけでは曖昧になりやすく、また誤解をうむ場合もあるためマイナス面や課題は発信しにくい。「○○したら○○できました」「最近は△△に興味があるようで、△△する機会を積極的に設けています」等、有効な手立ての紹介と子どもの発達や、広がっている興味関心について発信すると良い。

　いずれも、課題をとらえる際には、本人が困っている、戸惑っている等、本人を主人公にして支援を考え合うことが重要であり、保育者が困っている、周りの子どもたちが迷惑しているということではない。支援の対象は本人であり、姿を肯定的にとらえること、どのような姿であっても、育ちつつある姿であることを忘れてはならない。また、周りの子どもたちが当該児のどのような点を評価して関わっているのかについても言語化して伝え、周りの子どもたちとの関係づくりの取り組み状況についても積極的に情報発信を行いたい。本人の良いところや育ってきたこと、周りの子どもたちとの関係構築の過程を保育者と保護者とで喜び合うこと、園と家庭でのそれぞれの子どもの姿を知り合うことで互いに歩み寄って子ども理解を進めることにより、関わり方を見つめ合い連携して継続的な支援を行うことが重要である。このように保育者は適切に保護者に働きかけることで信頼関係を築き、情報と課題を共有し、子どもの育ちを認め合い、次の課題を見つけて同じ方向を目指したい。

　また、園においては園全体で支援に取り組むために、職員全員の情報共有が重要である。日々のエピソード、個別の指導計画や個別の保育記録、懇談内容の報告とともに、定期的なケース検討会を行い、専門職の指導を受け、より良い手立てを探り取り入れていく姿勢と体制が重要である。子どものスモールステップを見極め、支援を適切に進めるためには、保護者、職員全体で多方面の情報共有を行い、毎日の保育の見直しと改善を行うことが求められる。

（杉江　栄子）

## Q10　CODA の保護者との関わりと支援の際のポイントは？

## A.

　まず、ここでは、「コーダ(CODA)」の定義についてあらかじめ説明しておきたい。

　コーダとは、英語で CODA（Children of Deaf Adult/s）と書き、その定義を「聴覚に障害のある親を持つ、聞こえる子どものことを言う。両親ともに聴覚障害の場合でも、お父さま、お母さまのどちらかが聴覚障害の場合でも、聞こえる子どもは、みんなコーダです」（J-CODA ホームページより）とされている。

　そして、保育者の CODA 児との関わりについては、① CODA 児の家族に向けた支援、②親とのコミュニケーション方法、③ CODA 児の特徴、④ CODA 児への支援、⑤備考といった5つの点から説明したい。

### ① CODA 児の家族に向けた支援

　CODA 児との関わりにおいて、乳幼児期は特に家族との関わりが大切な時期と考える。

　親は、家庭と違う社会において他人と会う機会の意味を感じて上手に関わって欲しい、適切な言葉遣いを身につけて欲しい等のニーズがある。ろう学校出身の親であれば特に、自身の学校のコミュニティ範囲が狭かった経験もあり、自分の子どもが地域の学校で集団生活をどのように過ごしているか心配な方もいると思われる。また、親は子どもの体調変化を表情から捉えることしかできない状況なので、支援者は音で判断できる子どもの体調変化を把握して親に伝える等のコミュニケーションを図る必要がある。

### ②親とのコミュニケーション方法

　ろうの親の多くが子どもと手話でコミュニケーションをとりたいとの思いをもっているかと思う。家庭内では手話のほか口話、ホームサイン等がコミュニケーション方法として使われていることがある。乳幼児期のCODA 児は、語彙も少ない中で、一生懸命手話やジェスチャー、表情や口の形を読み取ったり、限られた音声言語も織り交ぜてコミュニケーション

を図ろうとしている。ただし、その手話はまだ完全なものではなかったり、家族だから汲み取れるレベルである。その他、指さしやボディタッチも方法として多用するという状況も知っておいて欲しい。

### ③ CODA 児の特徴

　CODA 児は、聞こえない世界と聞こえる世界を行き来している存在といえる。言語視点では、手話と日本語を駆使するバイリンガルでもある。しかし、乳幼児期の CODA 児は、言語そのものを獲得しつつ手話も獲得しようとしている状況にある。手話言語は耳でなく目を使ってのコミュニケーションが主となるため、視覚優位となる面があり、情報を目で取得する力が発達し、外界情報の取得も同様な傾向が見られる。言語未発達である乳幼児期は特に相手の表情等から感情を通わすことになる。また、聞こえない親に向けて声を出して語りかけることから自然と声が大きくなったりするという特徴がある。

### ④ CODA 児への支援

　保育現場において、まず身振り手振りを駆使することや目の使い方等で、CODA 児がちょっと他児とは違うなと感じる面もあるだろう。また、ときに注意散漫に見えたり、家庭と園での環境の違いに戸惑い、音声言語世界では上手に表現もできずおとなしいと見られる CODA 児もいると思われる。しかし、まずは暖かく見守るという視点で関わり、友達や保育者との良好な関係性から多くの言語を獲得していけるような環境づくりが大切となる。

　音を意識しづらい環境で生活している CODA 児には「意識しておくと音のある世界の生活に活きてくること」についての助言も重要となる。例えば交通ルールは皆同じように学習していくが、車やバイク、自転車が来ているかどうかについて目だけでなく音でも感じる助言や、お腹がグーっと鳴ったときお腹がすくという感覚やお腹を壊したときお腹のゴロゴロ感覚の確認、食事マナーとしての咀嚼音、声の大きさについての気づきにつな

がる声かけ等が挙げられる。

　また、幼児後期になると早い子では、自分と親や他児、他児と他児の親等のコミュニケーション方法や関わり方に違和感を感じてくることが想定される。感情も揺れ動き自信喪失や行動として見受けられる場合もある。手話も日本語も大切な言語であるという視点をもって寄り添い、他児と同様にポジティブな面を見つけた際には、たくさん褒めてあげることがポイントとなる。

　なお、CODA 児は、家庭ではときに親の耳となって生活の一助にもなっている場面があるが、園と家庭をつなぐような役割は到底できない。よって、通訳のような動きを決して求めないことが肝要である。むしろ、それらの役割こそ専門職に託していくことが大人としての大切な判断である。親の希望か園の判断かによらず、手話通訳士・要約筆記者等を派遣することも大切である。通訳等についての相談は、各都道府県等の聴覚障害者情報提供施設にも相談することが可能である。

⑤備考

　筆者も、CODA 児として乳幼児期を過ごした。そのうえで今私が、保育者や保育者を目指す人に伝えたいのは、CODA 児と言っても児童憲章前文でも謳われているように、「児童は、人として尊ばれる。児童は、社会の一員として重んぜられる。児童は、よい環境の中で育てられる。」べき存在だということである。この本は多様性を受け入れるダイバーシティ・インクルージョン保育を進める目的で構成されているが、CODA 児も多様性に含まれる子どもであると同時に、だからといって特別視されるのではなく、同じ子ども、社会の一員としての同等・対等の関係を大切にしたい。

（阿諏訪　勝夫）

引用・参考文献
・J-CODA ホームページ
　https://jcoda.jimdofree.com/

## Q11 園経営（園づくり）の視点から考える地域との連携とは？

**A.**

　少子化、核家族化、地域における地縁的なつながりの希薄化等の社会状況の変化により、子育てへの親の不安や孤立感が高まりつつある。家庭や地域の変化は、家庭で子どもを育てていく条件に大きな制約をもたらし、多様なニーズをもつ子どもたちの問題が引き起こされている。障害以外のことを理由とする多様な「特別な教育的ニーズ」のある子どもたちについて、生活における困難を知り、保育・教育の課題を明らかにする必要がある。

　近年では、発達障害、外国にルーツのある子ども、子どもの貧困、児童虐待、医療的ケア児等への対応が乳幼児期でもクローズアップされてきている。こうした子ども一人ひとりのニーズを満たしていくには保育者個人の力量では限界がある。よって、地域を巻き込んで、外部資源の活用、専門機関の関係者との連携・協力の必要性が生じてこよう。地域のネットワークの構築である。そのための課題として、①専門性に基づくチーム体制の構築、②園のマネジメント機能の強化、③保育者一人ひとりが力量を発揮できる環境の整備があげられる。

　今後の園経営（園づくり）に向けて、外部専門機関・専門職のコンサルテーション機能を園内に導入することが必要である。まずは、園内ワーキンググループと、例えば、学校、病院、保健所・保健センター、大学、福祉事務所、教育委員会、PTA、児童相談所、地域で活動している団体等の関係機関とのつながりである。

　ここでは、支援の担い手を多様にして、園内では連携のキーパーソンとなるコーディネーターを中心に複数の職員を配置することがある。チームとしての園づくりとでもいえよう。次に、特に保育と教育と医療が互いに「顔の見える」連携を実現し、担当者同士の信頼関係を構築・強化することが重要である。乳幼児期といった早期からの関係機関の補完性・専門性のよりいっそうの発揮である。地域にある機関がつながり合って、お互いのもっている役割機能を出し合い、補完することにより、多様なニーズのある子どもたちや家庭の生活の質を高めることが可能となる。これがダイバーシティ・インクルージョン保育の考えの一端である。

　子育て支援の対象は「親と子の両方」であると意識することも必要になってこよう。親の主体性を認めつつ、親自身と子どもの気持ちを相互理解でき、子どもが親になっていける、親が親になっていける積極的な実践とその仕組みづくり、地域が支え合いの場になっていけるようなシステムの構築がこれからの保育・教育においてはさらに大切となってくる。

　元来、わが国では子どもに関する所管が、文部科学省、厚生労働省、内閣府、警察庁、経済産業省といったさまざまな省庁に分かれ、縦割り行政になっていると指摘されてきた。2023年4月1日には、内閣府の外局としてこども家庭庁が創設された。3つの部門をもつが、そのひとつの支援部門は、「様々な困難を抱えるこどもや家庭に対する年齢や制度の壁を克服した切れ目ない包括支援」として、地域の支援ネットワークづくり（子ども・若者支援地域協議会、要保護児童対策地域協議会）を大きく掲げている。子どもを包括的に支援するためのシステムとして、しっかりと機能していくことを期待したい。

　特別支援教育が新たな制度として開始されたのは2007年である。4月1日付文部科学省「特別支援教育の推進について（通知）」に書かれた理念には、発達障害児も対象として加え、幼児期・学齢期・青年期といったライフステージにわたる支援、共生社会の形成をあげている。2022年には、通常学級に在籍する小・中学生の8.8％に発達障害の可能性があると文部科学省が公表した。10年前には6.5％であった。

　幼児においてはその占める割合はさらに多いと推測される。こうした例からも子どもたちをめぐる地域において子どもたちを支援する体制が早急に必要となっていることがわかる。

　ダイバーシティ・インクルージョン保育の推進にあたっては子どもの最善の利益を保障することが前提であることを今一度確認したい。

（小川　英彦）

引用・参考文献
加藤孝正・小川英彦（2012）『基礎から学ぶ社会的養護』ミネルヴァ書房．

**Q12** 心理専門家による「巡回相談支援」と
「保育所等訪問支援事業」を活用するポイントは？

**A.**

　心理師（心理士）を保育現場で活用する公的支援の方法としては、主に
「巡回相談支援」と「保育所等訪問支援事業」がある。

## 1．巡回相談支援

　厚生労働省の定義によると、巡回相談支援は「発達障害等に関する知識
を有する専門員が、保育所等や放課後児童クラブ等の子どもやその親が集
まる施設・場への巡回等支援を実施し、施設等の支援を担当する職員や障
害児の保護者に対し、障害の早期発見・早期対応のための助言等の支援[1]」
を行うことである。発達障害やその特性のある子どもを、ひとつの施設や
療育機関だけで抱え込むのではなく、地域全体で支えていく「インクルー
シブな支援」のひとつである（池田, 2022）。

　この「発達障害等に関する知識を有する専門員」として「臨床心理技術
者」が挙げられており、心理師（心理士）が該当する。ある市では、心理師
（心理士）は、ことばが遅い、友達と遊ばない、活動から外れる、友達とト
ラブルになりやすい、気持ちの切り替えが苦手等、子どもたちのさまざま
な気になる行動について相談に応じるとしている。

　巡回相談を利用する際、事前に対象児の発達の特徴（言語面、運動面、
情緒面、対象児の得意なこと等）をまとめておく。当日は、心理師（心理
士）等の巡回相談員との話し合いを通して、気になる行動の背景にある発
達の特徴や心理状態を検討し、対象児に対する具体的な関わり方や環境構
成の工夫に関する助言を受けることができる。そのため、事前に対象児の
気になる行動に関する資料（気になる行動が起こったときの具体的なエピ
ソード、画像・動画等）と現在行っている対応を整理しておき、簡潔に助
言を求めるようにするとよい（「現状は、○○の場面で○○（気になる行動）
が起きやすい。その際、今は○○といった対応をしているが、改善点や留

意点はあるか？」等）。対象児への支援を考える際には、相談員から保育者へ一方的に支援方法を伝えるのではなく、互いの経験と専門性（知識）を出し合って、その保育施設で実施可能な支援を考えるようにする（根岸，2018）。

　巡回相談支援は市町村の事業として行われており、利用したい場合は保育施設から自治体に申し込むことになる。すでに診断が出ている子どもだけでなく、まだ医療機関や福祉サービスを利用していない「気になる子」についても相談できる。

### 2．保育所等訪問支援事業

　保護者の希望による巡回相談としては、保育所等訪問支援事業がある。児童福祉法では「保育所その他の児童が集団生活を営む施設として内閣府令で定めるものに通う障害児（中略）につき、当該施設を訪問し、当該施設における障害児以外の児童との集団生活への適応のための専門的な支援その他の便宜を供与する[2]」とされている。

　対象児がすでに児童発達支援施設で療育を行っている場合、その施設に保育所等訪問支援を依頼できる場合があり、日頃から、対象児と関わりのある相談員（心理師（士）、作業療法士、言語聴覚士等）が訪問を行うことがある。保育所等訪問支援の特徴は、保護者の希望で行われること、定期的に訪問が行われること、相談員が直接対象児に関わることによって保育者が実際の支援方法を学べることである。実際には、保護者からの「園でのわが子の様子を知りたい」、「園でどのように過ごしているのか心配」、「支援の方法を園に伝えてほしい」といった要望から保育所等訪問支援事業の利用につながることが多い。

　相談員は幼児教育施設で対象児を参与観察した後、対象児の課題や支援

方法について保育者と話し合う。話し合いの際、友達とトラブルになる、活動への参加が難しい等、日々保育の中で見られる気になる行動について保育者から相談することで、療育での関わりをもとにした支援方法を教えてもらうこともできる。保育施設と療育施設で見られる課題を共有し、共通の視点で支援を行うことで、対象児の発達をより促すことができる。

（新井　あゆか）

注
1 厚生労働省「発達障害者支援施策の概要」
https://www.mhlw.go.jp/stf/seisakunitsuite/bunya/hukushi_kaigo/shougaishahukushi/hattatsu/gaiyo.html
2 児童福祉法第六条の二の二　六

引用・参考文献
・船橋市（2023）『巡回相談利用の手引き（令和5年度改訂版）』船橋市子ども発達相談センター.
・市川奈緒子（2018）「他機関連携と地域支援」市川奈緒子・岡本仁美編『発達が気になる子どもの療育・発達支援入門　目の前の子どもから学べる専門家を目指して』金子書房.
・池田幸代（2022）「公認心理師の巡回：心理面との繋がり」小川英彦・田中謙編『ダイバーシティ・インクルージョン保育』三学出版.
・根岸由紀（2018）「求められる巡回相談とは？」金谷京子編『発達と保育を支える巡回相談　臨床発達支援とアセスメントのガイドライン』金子書房.

## Q13　保育者養成校と連携して実践を進めるためには？

**A.**

### 1．教育・保育実習による園との連携

　保育者養成校と園が連携し保育者を目指す学生の保育実習に取り組んでいる。学生が実習を通して子どもたちと過ごす楽しさと充実感を味わい、保育のやりがいを感じるだけでなく、子どもの発達としっかりと向き合える保育者になるよう指導を行っている。実習の目的は教科全体の知識・技能を基礎として実践する力を養うことであり、学校の授業とは違う保育現場での経験は将来の保育者の貴重な経験となる。

　日頃から実習園と養成校がコミュニケーションを円滑に行うことが重要となるため、実習園と保育者養成校で協議会を設け、連携強化を図っている。

### 2．実習以外の連携

　実習以外での授業でも、幼稚園、認定こども園、保育所に学生が出向き、午前中の保育時間に読み聞かせの実践と自由時間の遊びを行っている。以下に園での事例を挙げる。

#### （1）A認定こども園（公立）

　自由遊びの後、3歳児・4歳児・5歳児の各クラスに入り、絵本の読み聞かせを実施した。

　一通り学生の活動が終わってから、担任が絵本の読み聞かせを実演した。学生は、現職の保育者から子どもたちの集中の仕方や興味を引き付ける読み方等を直接学び、また保育者のパワフルな読み聞かせに子どもたちが生き生きと反応する様子を見て感銘を受けた。取り組み後には副園長、主任から暖かい励ましがあり、少し自信に欠けていた学生もやる気を起こすきっかけとなった。

#### （2）B保育所（公立）

　3歳児・4歳児・5歳児の各クラスに入り、子どもたちと数時間遊んでから、ペープサート、スケッチブックシアター、大型絵本、絵本等を使い

読み聞かせを実施した。工夫を凝らした学生の読み聞かせを子どもたちは
とても喜び、学生が帰る時間になると子どもたちがいつまでも手を振って
いる姿が見られた。そのような子どもたちの姿を見たときに、学生は「やっ
てよかった」と満足感や達成感を得ることができた。また、個人で取り組
む実習とは異なり、指導計画立案の過程等で学生の仲間と協働することが
できた。このような日頃の学校生活だけでは得られない体験は、実際に保
育現場で求められる計画性や他者とのコミュニケーション能力にもつなが
るものといえる。

**3．保育者と学生の連携（ゲストティーチャーとして保育者養成校に招聘する）**
　幼稚園、認定こども園、保育所、社会福祉施設等の園長や、保育現場で
活躍している卒業生の先輩たちを招いて講演会を行っている。例えば「保
育職の魅力」、「保育者に必要なもの」、「現場で直面している課題」、「保
育における基本」、「学生のうちに取り組んでおくとよいこと」等の話をし
てもらったり、「業務内容」や「実習に対する取り組み方」等を話してもらっ
たりした。この他にも、自主実習、インターンシップ、ボランティア、園
でのアルバイト等をしている学生もいる。こういった授業以外の園での活
動で交流する機会があると、学生の学びとしてより充実したものになって
いく。

**4．研修での連携**
① 養成校教員が幼稚園、認定こども園、保育所に出向き保育を見たうえで、
　助言や情報提供を行ったり、研修の講師をする等、幼児教育・保育の質
　向上への支援に取り組んでいる。
② 養成校教員が研修で現場の声を聞き、保育者養成校における教育の質の
　向上と授業の改善を行う。また、自身の研究にも生かしている。
③ 養成校教員と現場の保育者が共同で研究を推進し、その成果として研究
　論文、実践報告、各種データを紀要等に掲載する等さまざまな取り組み
　やデータを公表している。

（田中　裕子）

## Q14 ボランティア学生を活用しながら、学生の育成を図るには？

A.

　保育現場におけるダイバーシティ・インクルージョン保育を推進後押しするための一つの方法として「ボランティア学生」の活用を提案したい。

　ボランティア学生を活用するうえでの、幼児教育施設（幼稚園、保育所、認定こども園）、学生、子ども、それぞれにおけるメリットとデメリットについて、以下のような内容が考えられる。

表 Q14-1　ボランティア学生活用のメリットとデメリット

| | メリット | デメリット |
|---|---|---|
| 施設 | ・人手不足の緩和が期待できる<br>・若手人材の増加・確保に有効である | ・知識や経験不足であること<br>・働く期間が限られてしまうこと |
| 学生 | ・現場を知ることができる<br>・知識や経験が増える<br>・保育者とは違う関わり方ができる | ・仕事内容が限定されることが懸念される |
| 子ども | ・保育者とは違う大人との関わりの機会が増える | ・知らない人がいること |

　今日の保育現場は慢性的な人手不足が問題とされている。そのような中にあって、ボランティア学生を有効に活用することは園にとっても、学生自身にとっても有益であると考える。

　学生がボランティアとして保育現場に寄与できることとして、

・人手が増えることで、子どもが関われる人数が増える。つまり、いろいろな人とのやり取りを通して、発達が助長されることが見込まれる。
・学生が今、学んでいること（新しい知見）を保育に取り入れることができる。
・雰囲気を刷新できる。

等があげられる。

　学生の場合、「実習前に保育現場に慣れておくため」や「経験を積むため」といった目的から、ボランティアやアルバイトに参加することが見られる。子どもたちとの楽しい時間を想定して参加してみるものの、実際に任さ

れてみると「思っていた以上にうまく関われない」「トラブルに対応できない」といった経験から、保育の楽しさを味わう前に挫折感のようなものを感じてしまうことも少なくない。また、そのようなことを少なくするためか、子どもとの関わりよりも、環境整備、つまり園内の清掃や保育の準備を割り当てられると、学生としては期待した活動ができないことへの不満や不安が溜まることも想像でき、ひいては保育職に就くという選択から遠ざかるケースもある。

このような事態を避ける意味でも、雇用する施設には配慮してほしい点がある。

① 学生は学びの途中である

できることとできないことがあるだけでなく、理解していることと理解していないことがある。過剰な要求は学生にとって負担になるだけでなく、避けたいできごととなり得る。その点に配慮して仕事を任せてほしい。

② 保育の楽しさややりがいを感じられる工夫をする

仕事は楽しいだけではなく、辛いこともあると思うが、それを加味しても保育という仕事に就きたいと思えるような経験ができるように、活動の機会を与えてほしい。

③ ボランティア学生を活用するための園内分掌をする

たいていの施設には実習担当がいるように、ボランティア学生をしっかりと見守り、ときには指導・助言する立場の職員を配置してほしい。特にこれまでに小さい子どもの世話をしたことがある場合や、高校のときに保育を学んでいる場合、それなりの自負心を持っていることがある。そこを挫かれると、ボランティアそのものへの意欲を失いがちである。

④ 施設内における職員間の共通理解を図る

これは実習でもいえることなのだが、「A先生にはこう言われたけれど、

　Ｂ先生からはこう言われて困った」ということを耳にする。学生にして
みるとどちらを立てたらよいのか悩むことは多い。そのためにも施設内
におけるボランティア学生向けのガイドブックのようなものを作成して
おくことは一貫性の確保に有効だと考えられる。

　昨今では若者のボランティア離れも著しい。このことから、ボランティ
ア学生を確保すること事態、困難さが生じる。このときに活用できること
の一つがSNSからの発信である。

　Facebookがある程度の年代以上に親しまれているのに対し、10~20代
の若者は動画やリアルタイムに配信されるものを好む傾向がある。実習先
や就職先に望むのは「良好な人間関係」である。このことから、施設内の雰
囲気が伝わるもの、特に保育者の様子がわかりやすいものが学生には望ま
れるだろう。SNSを足がかりとして、それ以上に見たいとなったら検索エ
ンジンを活用することが、今の学生の情報収集方法の一つでもあるので、
募集する施設にはこの点を意識してもらえるとよいのではないだろうか。

　さらに検討して欲しいのが、保育者養成校と施設の連携である。保育者
養成校から学生をボランティアとして派遣することで、人材を確保するこ
とが可能となる。そしてある程度、継続的にボランティアとして活動する
ことで、学生自身の学びにつながるだけでなく、子どもたちや保護者から
組織の一人として認知され、安心感を与えることができるだろう。

　新型コロナウィルスの蔓延により、人との関わりが制限されてきたこの
数年間は、対人援助職としてだけではなく、そもそも集団として、あるい
は組織として動くことが身についていない学生がいることも危惧される状
況であることを踏まえて、子どもを育てるようにとは言わないが、しかし、
温かな目で見守りながら育てることが求められている。

　以上のことから、ボランティア学生を活用することは、子どもにとって
プラスに働くだけではなく、施設にとっても、学生自身にとっても効果的
な対策であると考えられる。

（伊多波　美奈）

## Q15　放課後等デイサービスと接続する際の配慮事項は？

**A.**

　学齢期が近くなり放課後等デイサービス（以下、放デイ）の利用を視野に入れるか考える、また利用を確実と考え具体的に利用する放デイを探している、そして複数の放デイを混合して（曜日を変える等して）利用することを計画している方等、子ども一人ひとりの状況とそれに対する保護者の考え方により学齢期の迎え方は多様である。

　放デイを利用する可能性があるとすると、保護者は学校・放デイ・家庭の送迎距離を考慮して候補となる放デイのピックアップを行う。次に就学前に可能な限り見学を申し込む、また体験的な利用をさせてもらう等して、子どもの発達に適正と考えられる放デイを選択することが重要となる。

　よって幼稚園・保育所・認定こども園等の幼児教育施設でも地域での放デイの評判等の情報を入手し、保護者からの質問や相談に対応することで、発達を支援する視点からシームレスでスムーズな就学開始につなげることができる。

　ここでスピードが何よりも大切であることを記しておきたい。放デイの中には、曜日別にプログラムに特色を出しているところもある。子どもに適正と判断できる放デイがあっても、1日あたりの利用人数に上限があるので利用できないこともある。したがって就学前の見学・体験では実際に利用できるかどうかを確認することのスピードが大切になる。

　先の話になるが、このことは子どもの発達の状況に応じて放デイの利用の仕方や利用する放デイそのものを変更する際も同様である。

　子どもが放デイを利用すべきか否かは、生活や知能等多様な観点から行政の手続を含めた具体的なアドバイスを専門の相談員から受けられる。そのほかに、保護者にできることとして以下の三点を挙げることができる。

1．嘱託医のアドバイス
　幼児教育施設の嘱託医に医学的見地からアドバイスを受ける。
2．実状の見学
　幼児教育施設での過ごし方を観察する。

### 3．日常における情報交換

　　幼児教育施設の先生・スタッフと日常から情報交換し放デイ利用を早
　　期に相談できるようにする。

　幼児教育施設からは保護者に対しこれらを提案することができるし、ま
た具体的な行動を予想し適切に対応していくことで前述の見学等にいたる
までのスピードにつなげることができよう。
　なお脳・神経の成長と知能の発達という相関する点に限ると、9歳まで
の期間の過ごし方が非常に重要と考えられる。それ以降の例えば中学・高
校からの放デイ利用も一定の効果はあるが、家庭を含め幼児教育施設から
の十分な体験等をふまえ、就学と同時に放課後等を放デイで過ごし、多様
な活動・行事から学ぶことで社会とそれに対する自己を認識していくこと
が肝要である。
　発達障害への対応においては、生活・遊び・学習等に接する本人の意
思決定も相互作用の結果として当然子ども自身に影響するように考えられ
る。大人の言動を含めた周囲の環境整備によって、本人の意思決定に健全
な支援を施す必要があり、そのためにも発達に応じた放デイを確実に利用
可能にしておくべきであろう。幼児教育施設は、そうした子どもへの直接
的な支援をするとともに保護者への情報提供等の支援をすることも考慮し
ておくことで地域に対する公益的な使命を果たす。
　例えば未就学の時点ですでに福祉サービス（児童発達支援）を利用して
いる場合がある。すると就学にあたり放デイ利用を視野に入れることは自
然である。このように連続して福祉サービスを受ける場合、特性・発達を
踏まえた放デイを相談員が提案できる。こうした経緯で放デイを選択した
ある児童は、自由闊達な個性を考慮され就学と同時に制約の少ない放デイ
の利用を開始し同年齢の児童たちと社会性を培った。その後は自律を重視
する放デイと併用するようになり、感情が優先する言動もあるものの努力
と達成により自信の持てる領域を無理なく着実に増やしていった。この児
童の例にみられるように、就学時期とそれ以降に関係する諸機関が地域の
放デイの特色を知ることは、子どもの成長・発展の促しに十分につながる
こととなる。特に幼児教育施設は子どもの正確な情報を蓄積・検討が可能
であるため、その関与は放デイ選択における適正さを高めることになる。

（青柳　修平）

## Q16 乳児院・児童養護施設・児童相談所と進める連携とは？

**A.**

　児童福祉法によれば、乳児院は第37条で「乳児を入院させて、これを養育し、あわせて退院した者について相談その他の援助を行うことを目的とする施設」、児童養護施設は第41条で「保護者のない児童、虐待されている児童その他環境上養護を要する児童を入所させて、これを養護し、あわせて退所した者に対する相談その他の自立のための援助を行うことを目的とする施設」と規定されている。いずれも障害や虐待・マルトリートメント（不適切な養育）、あるいは家庭での養育が困難な特別なニーズのある児童の支援に携わる児童福祉機関である。児童相談所は第12条に規定されており、各都道府県に設けられた児童福祉の中心的な専門機関である。

　そのため、乳児院・児童養護施設・児童相談所いずれも保護者が養育困難なことを理由に支援に携わるケースが多いものの、今日では虐待・マルトリートメントを理由とする支援ケースが増加傾向にある。さらに、この虐待・マルトリートメントを受けている被虐待児・被マルトリートメント児の中には、発達障害等の障害のある子どもが多いと考えられている。「児童養護施設入所児童等調査の結果（令和5年2月1日現在）」（こども家庭庁）によると、子どもの心身の状況について障害等がある割合は乳児院では27.0%、児童養護施設では42.8%にのぼるとされている。

　このような被虐待児・被マルトリートメント児や障害のある児童に対する丁寧なケアを行うため、2016年の児童福祉法改正を受け、乳児院では一時保護の受け入れ態勢の整備や市区町村との連携強化、養子縁組を含む里親支援機能の充実等多機能化が進められている。児童相談所でも市区町村や乳児院、児童養護施設と連携を図り、保護者と一時保育やショートステイ等レスパイト支援をつなげることで、虐待・マルトリートメントの早期予防や障害児の早期支援に努めている。

　この乳児院、児童養護施設の例をみてみると、（一時保護等を含む）支援を受けている子どもは、家庭等での遊びの体験・経験が少ないケースが多いため、幼児教育施設においてダイバーシティ・インクルージョン保育を通して乳幼児期にふさわしい経験を重ねていくことが望ましいと考える。その際、乳児院、児童養護施設在籍児の場合、幼稚園等を利用する際には入学金や保育料、バス使用料、制服等の実費の多くは児童入所施設措置費として加算措置されるため、費用面での制約は小さいといえる。そのため、幼児教育施設は乳児院、児童養護施設と連携を図り、当該児童を積極的に受け入れ、遊びを通した生活の充実に努めることが望ましい。また、ダイバーシティ・インクルージョン保育を通して生活自立に関する能力を高めていくことで、家庭復帰や里親委託の機会を広げていくこともねらっていきたい。

　なお、幼児教育施設の在籍児童に関して、養育に困難を抱える家庭や虐待・マルトリートメントが疑われる家庭が確認された場合、早急に児童相談所や子ども家庭支援センターに相談、情報提供を行い、連携して家庭状況の把握に努める必要がある。幼児教育施設の場合、着脱時等に子どもの身体観察の機会があり、栄養状態や外傷等から身体的虐待等を把握ができる可能性がある。障害等がある場合、子どもが苦しさや被害を言語等で表現することが困難な場合も少なくないため、ダイバーシティ・インクルージョン保育では特に丁寧に一人ひとりの子どもの観察を行い、小さな変化や気づきでも組織内で共有し、必要に応じて児童相談所や子ども家庭支援センターと情報を共有して連携を図ることが求められる。

（田中　謙）

## Q17 乳幼児と高齢者の世代間交流の際の関わりを深めるためには？

## A.

### 1．世代間交流の進展

　日本の世代間交流は、1980年頃から都市化・過疎化に伴う核家族化・単身家族化・個人化傾向が強まったことを社会背景に注目されるようになってきた。1993年には、総務庁老人対策室により「高齢者との世代間交流の手引き」が作成され、高齢者福祉施設と児童福祉施設の合築や併設等が促されるようになった。また、2001年には高齢社会対策大綱に対策のひとつとして世代間の連携強化、2009年には中央教育審議会答申において小・中・高等学校で高齢者との交流や地域との連携を重視することも示された。

　幼稚園教育要領、幼保連携型認定こども園教育・保育要領、保育所保育指針においても、それぞれに高齢者との関わりについて記載されている。今後、幼児期からの世代間交流を含む地域共生に向けての取り組みがさらに重要視されると推察される。

### 2．子どもと高齢者の関わり・活動の内容

　近隣の幼児教育施設と高齢者施設で計画的交流が直接行われることもあるが、民生委員、公民館、社会福祉協議会、老人クラブ、市町村が主体となったり、それらの団体や機関同士の協力で行われたりすることもある。計画的交流には、行事交流（お餅つき、お花見、夏祭り、誕生日会、運動会、卒園式等のイベントに参加する交流）、共有体験交流（合唱や伝承遊び、合同体操、畑づくり等の同じ目的で同じ行為をする交流）、保育交流（高齢者が子どもに行う読み聞かせ等の保育を通した交流）がある。これらのようなテーマが決まった取り組みから、地域的・日常的な交流に繋がる可能性もあることが示唆される。一方で、互いの生活する時間や空間を共有する日常的交流は、特別なことをするのではなく一緒に食事をする、遊ぶ、抱っこする、話をする等を通して相互理解していく交流である。これらのような具体的なテーマのない自然な交流では、それぞれの日常をみることができるため相互理解が進み、互いの役立ち感を高めることや思いやりの心を

より育てることができる。

### ３．子どもと高齢者の関わりにおける効果と課題

　村山（2008）や林谷ら（2012）等の調査結果によると、心的な親密度を高めるためには両世代が交流する場所と時間が十分に確保される必要があること、双方の一時的な交流よりも継続的な交流が良いこと、強制的・人工的な交流よりも自然にコミュニケーションが楽しめる交流のあり方が有効であることが示されている。また、糸井ら（2012）は、両世代に共通して、相互理解や世代継承性の増加に加え、心理的・身体的・社会的なウェルビーイングの向上、人間関係の広がり、地域共生意識の向上にも効果があるとし、世代間交流プログラムはウェルビーイングの向上と地域づくりに有用な方法であることを明らかにした。さらに、山田らの調査（2023）では、交流活動後の子どもの姿や行動変容について、高齢者への関心・理解が深まる、伝統文化への興味が深まる、気持ちが穏やかになるといったことを感じている保育者がいることが明らかになった。一方で、時間の調整の難しさや人手不足・多忙が課題となっている現状もある。また、徳田ら（2020）の調査では、世代間交流について保護者のほとんどが「良い取り組み」（新しい知識の獲得や思いやり、敬う心の育成等）として評価しているものの、一方で感染症やセキュリティについて懸念する保護者もいることが明らかになった。また、芝田（2017）は、保護者たちの高齢者へのネガティブな意識がその子どもらの言動に現れていることについて言及している。園児のみならず、大人の世代も高齢者と親密な関わりをもった経験が少ないことも考慮しなければならない。高齢者との交流について、周りの保護者や保育者を含めた大人の高齢者への関わりが子どもの人格や人間関係に大きく影響することを認識し、それぞれが相互理解を深めていくことが望まれる。

### ４．幼児教育施設における実践

　幼児教育施設での幼児と高齢者の交流は、年に１・２回や数回というケー

スが最も多い。高齢者との交流にあたって継続的な関わりが有効であることは前述したとおりだが、園全体での話し合いを十分に行い、無理なく継続的になるようにしてほしい。対面での交流に重きを置くだけでなく、対面交流をする前・後での関わり合い方、段階を踏むことについても検討されたい。すでに交流・活動に取り組んでいる園については、例えば、お手紙や絵、写真、web カメラ等を通して、今以上に「知る」ことから始める方法も考えられる。対面でなくても、普段のお互いの姿や活動について前述のような形で伝え合ったり、もらったものを飾ったりすることで、自然な相互理解を生み出すことが可能である。

　それぞれの生活のなかで無理することなく園児・高齢者・保育者・介護者が互いを身近な存在として認識できる環境を整えること、例えば活動中に高齢者の話題を取り上げるだけでもいい。実践として必ずしも対面交流を頻繁に行う必要はなく、むしろ日々の生活の中でお互いのことを思い出し会話の中に登場するような関係の継続性を維持することに意味がある。「昨日届いたくす玉、どうやって作るのかなぁ」「みんなで作ってみる？」という会話からくす玉の制作活動に繋がったり、「機織り、実際に見てみたいよねー」「僕もやってみたい」「○○ホームのおじいちゃんたちに私たちが作ったくす玉見せてあげようよ」「先生―これ写真撮って送れないかなぁ」等、子どもたちが主体的にかかわっていきたいという発言から高齢者施設への訪問が実現したりする。普段行っている活動を無理なくありのままに伝えていくこと、子どもたちから自然に出てくる話題をもとに保育活動を広げること、その活動を高齢者に発信していくことで無理のない相互理解を進めることができ、自然な対面交流を進めることができるのではないだろうか。

　身体接触を伴う活動ではなく披露型の交流（歌や踊り、展示等）は、一見目立った関わりがないように感じられるかもしれないが、関わりが少ないからこそ関わりに慣れていない双方にとって無理のない交流形態となっている。会話等のやり取りが少ないものの、それぞれが自分のペースや距離感を保ちながら能動的な関わり方（口ずさむ、手拍子をする、その場に

いる人と感想を言い合う等）ができるという利点があり初めての対面交流に適している。

　一方で、身体的な交流を伴う活動において、交流が浅い段階では高齢者と子どもに戸惑いや不安が見られる場合が多く、仲介役としての介護者、保育者が重要な役割を果たすという研究結果もある（連, 2017）。徳田ら（2021）や連（2017）は、保育者は園児の不安を解消しようと支援しいることること、園児が高齢者に失礼な行動をとらないよう気を配っていること、より良い関係性を築くための打ち合わせの重要性、普段の繋がりの必要性について明らかにしている。酒井（2014）は、高齢者との関わりを楽しむには「知る」→「慣れる」→「親しむ」という段階的に経験を積み重ねることが大切であることについて述べている。また、家庭科で高齢者学習として高齢者との交流活動を進めている中学校は多く、同様に中学生の職場体験として幼稚園、保育所、幼保連携型認定こども園での学習活動を行って連携している中学校も多い。中学校と連携して、幼児、中学生、高齢者の三者間交流を図る方法は、中学生を介して幼児と高齢者の交流を促進することもできるため、連携を拡大する方法も検討していきたい。

　「どうしてドロドロのご飯なの？」「おばあちゃんしわしわー！」子どもたちは、感じたこと、疑問に思ったことを素直に表現していく。対面では、高齢者に戸惑う子ども、子どもに戸惑う高齢者も少なからずいるだろう。保育者・介護者等の仲介役は、子どもたち、高齢者たちの発信にどのように対応していけばいいのか迷うことも出てくるだろう。そして、それぞれの言動・表情から臨機応変に対応していくことを必要とされる。参加者の個性や事前に起こりうる状況を事前に予測し方法を考えることは容易ではない。しかし、楽しむことができるようにするためには双方の事前の打ち合わせや活動のねらいの確認、内容のすり合わせ、高齢者・園児の個別の配慮等、異なる専門職がそれぞれに専門性を発揮して協働し、交流を重ね試行錯誤を繰り返すことによって「最善を探求する実践」が行われていく。負担になるような交流ではなく自然な交流を大切にし、参加者それぞれの意識がより良く変化していくように実践することが肝要である。

200

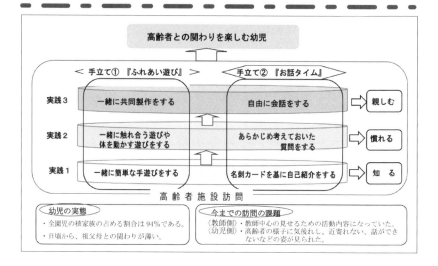

図 11-1　研究構想図
出所： 酒井芽久美（2014）「「高齢者との関わりを楽しむ幼児の育成—訪問に「ふれあい遊び」と「お話タイム」を取り入れて—」群馬県総合教育センター p.1.

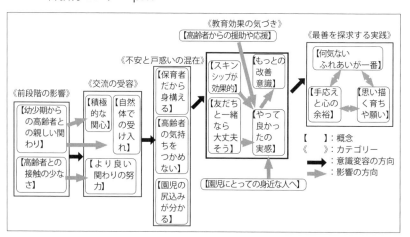

図 11-2　幼稚園における世代間交流による保育者の認識の変化
出所：徳田多佳子・請川滋大（2021）「幼児と高齢者の世代間交流にみる保育者の意識変容」『日本女子大学大学院紀要』27, p.169.

（中川　陽子）

引用・参考文献

・村山陽（2009）「高齢者との交流が子どもに及ぼす影響」日本社会心理学会『社会心理学研究』25（1），1-10.
・林谷啓美・本庄美香（2012）「高齢者と子供の日常交流に関する現状とあり方」『園田学園女子大学論文集』46, 69-87.
・種村俊昭・杉山茂一・横山俊祐（2009）「世代間交流施設における複合タイプ別の計画特性と運営者からみた交流実態」『日本建築学会計画系論文集』第 74 巻第 636 号, 355-362.
・渡辺優子（2004）「幼児と高齢者の世代間交流の現状と問題点」『新潟青陵大学短期大学部研究報告』34（34），15-24.
・徳田多佳子・請川滋大（2021）「幼児と高齢者の世代間交流にみる保育者の意識変容」『日本女子大学大学院紀要』27, 165-173.
・徳田多佳子・請川滋大（2020）「保育における幼児と高齢者の世代間交流─幼稚園の保護者・保育者に対する調査から─」『日本女子大学大学院紀要』26, 149-157.
・糸井和佳・亀井智子・田髙悦子・梶井文子・山本由子・廣瀬清人・菊田文夫（2012）「地域における高齢者と子どもの世代間交流プログラムに関する効果的な介入と効果：文献レビュー」『日本地域看護学会誌』15（1），33-44.
・山田秀江・木村美佳（2023）「保育者養成における多様性の理解と世代間交流の実践に関する一考察─保育現場の世代間交流実態調査と保育者養成校教員への調査から─」『四条畷学園短期大学紀要』55, 10-29.
・芝田郁子（2017）「『教育実践演習』における幼老統合ケアの実践活動に関する一考察」『名古屋柳城短期大学研究紀要』39, 183-203.
・徳田多佳子・請川滋大（2021）「幼児と高齢者の世代間交流にみる保育者の意識変容」『日本女子大学大学院紀要　家政学研究科・人間生活学研究科』第 27 号, 165-173.
・酒井芽久美（2014）「高齢者との関わりを楽しむ幼児の育成─訪問に「ふれあい遊び」と「お話タイム」を取り入れて─」群馬県総合教育センター.https://center.gsn.ed.jp/wysiwyg/file/download/1/694.
・連桃季恵（2017）「幼児と高齢者の交流活動に関する研究（1）─ A 幼老複合施設での歌を用いた事例から─」『金沢星稜大学人間科学研究』第 10 巻第 2 号, 55-60.
・聖路加国際大学大学院監護学研究科老年看護学（2017）『地域における世代間交流支援ベストプラクティスハンドブック』.

## Q18 乳児保育を進めていくための職員間連携とは？

## A.

　昨今の社会情勢の中で、3歳未満児から保育所等に子どもを預けて働くことを選択する人が増加し、保護者の就労を支える乳児保育のニーズが高まっている。乳児保育における保育者の基本的な役割は、まずは、自分の担当している子どもの姿をよく把握するとともに、その子どもの保護者とコミュニケーションを図り、保護者の子育てに対する悩みを把握し、助言しながら子育て支援をしていくことである。次に、乳児保育におけるクラス運営については、複数担任でチーム保育を進めていくため、自分の担当している子どもの姿や保護者の状況等で必要な情報を速やかに保育者間で共有し、滑らかな子どもへの支援や保護者との連携が行えるようにすることが実践的なポイントである。ここでは、担当保育者間、主任や園長との連携について、具体的にどのように情報の共有を行ったり、子どもの姿について話し合ったりして、組織全体で保育を進めているのかについて、乳児保育の実践を紹介しながら解説を行う。

### 1．連絡帳を用いた保育者間の連携

　乳児保育における保護者への支援には、送迎時のやりとりや、連絡帳・クラスだより等のツールで乳児保育の知識や具体例を伝える等の方法がある。しかしながら、送迎時には、保護者が忙しかったり、駐車場スペースの問題で園に長居できない等、十分に対面で話すことが難しい場合も多い。一方連絡帳には、保護者が前日から当日までの子どもの様子や子育てに関する悩み等をゆっくりと時間をかけて書くことができる。保育者間の情報共有や保護者との連携に有効なツールである。

　保育者は、朝の子どもの受け入れ時間から担当の子どもの連絡帳に速やかに目を通し、一人ひとりの子どもの健康状態とともに、保護者からの子育てに関する悩みや要望等を把握する。健康状態等のすぐに共有した方がよい情報は、速やかにクラス内の担当保育者間で伝え合う。また、保護者

からの子育てに関する悩みや要望については、子どもの午睡時間等に、担当保育者から他の保育者へ内容を伝えて相談したり、助言を求めたりして、担当保育者任せにならないように保育者間で話し合いながら支援の方向性を見極めていくことが重要である。

### 2．主任や園長も含めた園全体での連携方法

　保護者の悩みに対して具体的な支援の方向性を話し合う際には、乳児の各年齢における発達を理解したうえで、その保護者と子どもにとってどのような支援が必要なのかを検討することが重要である。そして、園での子どもの姿を丁寧に伝え、家庭と園では子どもが見せる姿が異なることを保護者も理解できるように配慮する必要がある。

　また担当保育者は、保護者の悩みや要望の内容によっては、主任や園長に情報を共有し、助言を求めることも連携の範囲として想定しておく必要がある。主任や園長には、担当保育者と異なるそれぞれの立場で保護者や子どもにできることを考え、実践していくことが求められる。

　さらに、保護者からの悩みや要望等は施設として記録・蓄積し、特に多い内容については保護者学習会を開催して詳しく説明したり、園だよりや保健だより等を通して保護者にアドバイスを送る方法もある。

　そのような活動に実際に取り組んでいる施設では、相談をしていない家庭からも「参考になった」等の声が聞かれており、保護者からの声は子育て支援の貴重な機会を創り出すことにもつながるのである。

　以上のように、乳児保育においては、保護者が未発達な子どもの子育てに関する悩みを抱えることも多いことから、組織全体で連携を密にして、保護者が安心して子育てに向き合えるようにすることが求められる。

（水野　恭子）

## Q19 保育者の働きやすい環境づくりと実践例は？

## A.

　現代において、常態化した保育士不足の解消が急務となっている。そのためには保育者が働きやすい職場の環境整備が必要である。では、保育者にとって働きやすい職場環境とは何か。それは人によって大きく異なるものかもしれない。しかし、日本保育協会が全国の保育施設で実施した調査によると、保育士が働き続けるために大切なこととして1位に挙げられたのは「人間関係のよい職場であること（77.4％）」であり、2位が「やりがいのある仕事だと本人が思うこと（76.1％）」、3位が「給料（39.9％）」であった（日本保育協会, 2015）。

　赤川・木村（2019）によれば、（1）休憩時間が短い保育士ほど疲れている。勤務中の休憩時間は少なくとも30分が必要である。（2）自宅への持ち帰り仕事については、週4日まではストレスを溜め込みながらもバーンアウトへの影響を認められず、週5日になるとバーンアウトに直接的影響がある。（3）持ち帰る仕事の内容が、本来職場で完遂する内容の場合はストレスと感じているが、保育士自身のスキルアップにつながる自主研究であればストレスと感じず、やりがいや満足感を感じていることが報告されている。

　また、池田・大川（2012）は、保育士と幼稚園教諭に対する質問紙調査の分析より、ストレッサーがあっても、保育者効力感を規定するポジティブな媒介効果がみられた認識は、「専門職としての誇り」「保護者・子どもとの信頼関係」であったことを明らかにした。

　総じて、保育者が働きやすい職場とは、人間関係が良好であり、保育者としてやりがいや誇りを持つことが可能であり、報酬という目に見える評価が高い環境と換言できるだろう。

　特に、幼児教育施設のリーダーや運営者にとっては、外的報酬以外の保育士が働き続けやすくなる要因について関東地方の8私立保育所で調査を実施した新保（2019）の研究が示唆に富む。新保は、働き続けやすい保育施設の職場環境と組織づくりには、研修の実施、マニュアルの整備が必ず

しも有効ではなく、施設全体で関心を持ち新人を育てる組織文化の醸成が有効であり、そこで求められる園長等のリーダーシップは、保育士職員を支援し導くスタイルであることを示した。具体的には、人間関係が良好と考えられる就業継続が順調な幼児教育施設では、従来の権威の強さを中心としたトップダウンの「階層型・支配型リーダーシップ」ではなく、リーダーとしての責任や権威を全てのメンバーが担う「分散型リーダーシップ」や、相手に奉仕し導く「サーバントリーダーシップ」がとられていることを明らかにした。

　すなわち、幼児教育施設のリーダーは、全て自身が把握し責任を持とうとするのではなく、保護者対応や保育・教育は個々の保育者の主体性に任せるという環境整備を行うことに徹する。その結果、保育者がその信頼に応えようとやりがいを持って実力を発揮することによって保育の質の向上が見込まれるのである。

**事例 1**
　東京都内 A 区にある公設民営の B 保育園長は、保育士の休憩時間確保および休暇の取りやすさにおいては「人手の多さに尽きる」と言う。その言葉どおり、B 園ではフルタイムの職員以外にも、短時間で働ける非常勤職員を多く雇用しており、子どもの定員 165 名に対して、調理師や用務員を含む常勤職員数は 31 名、それに加えて非常勤の職員が 30 名働いている。その多くが保育士資格を持ち、保育の手は非常に多いと言えよう。全職員が 11：30 ～ 15：00 の間に 1 時間の休憩時間を確保しているが、その時間に連絡帳を書いたり、作業を行ったりする保育士もいるという。単純に人手が多いだけではなく、有資格の非常勤職員が多いため、常勤職員がちょっと場を離れるときの手替わりや、突然の個人的な用事による休み、長期の休暇にも、手厚さを損なうことなく日々の保育を運営できる。人件費の問題および力のある保育士の確保が課題とのことである。

- - - - - - - - - - - - - - - - - - - - - -

**事例2**

　東京近郊C市にある社会福祉法人D保育園は、子どもの定員160名に対し、常勤職員34名、非常勤職員6名で保育を運営している。休暇の取得に関しては、園長が頻繁に職員に声をかけ、理由を問わず休暇を取りやすい雰囲気づくりを心がけている。また、休憩時間は完全に保育から離れてリラックスすることができるようにとの配慮から、別棟に休憩室を設け、マッサージチェアや仮眠マット等を設置している。しかし移動の煩雑さもあり利用する職員の数は多くはない。ほとんどの保育士が、個人の判断により保育室で各々小一時間ほどの休憩を取っているが、明確な規定はなく各保育士やクラスの状況に応じて任せている現状である。休憩時間とは言っても、保育室内にいるとどうしても子どもの対応をしなくてはならない場面もあり、ゆっくり休めているか定かではない。園長は、長い園の歴史の中で保育士が各クラスで子どもと関わりつつ、昼食を取ったり書類作成をしたりすることが常態化していることを懸念している。今後はシフト制を取り入れしっかりと休憩時間や休暇を取ることが当たり前の園になっていくことを目指している。

（池田　幸代）

引用・参考文献
・日本保育協会（2015）『保育所運営の実態とあり方に関する調査研究報告書—多様な保育事業と保育士の確保—』.
・赤川陽子・木村直子（2019）「保育士の職場ストレスに関する研究」日本保育学会『保育学研究』57（1）, 56-66.
・池田幸代・大川一郎（2012）「保育士・幼稚園教諭のストレッサーが職務に対する精神状態に及ぼす影響：保育者の職務や職場環境に対する認識を媒介変数として」日本発達心理学会『発達心理学研究』23（1）, 23-35.
・新保友恵（2019）「保育士が働き続けやすい保育施設の職場環境と組織作りに関する研究：関東地方8保育施設の事例調査から」『21世紀社会デザイン研究』: Rikkyo journal of social design studies 18, 73-91.

- - - - - - - - - - - - - - - - - - - - - -

## Q20　障害のある保育者（保育補助者）雇用を通して ダイバーシティ・インクルージョン保育を進めていくには？

**A.**

ダイバーシティ・インクルージョン保育における多様性は、子どもの障害やルーツ等に基づく多様性のみならず、職員側の多様性も活かしたダイバーシティ経営の中で実現されることが望ましい。ダイバーシティ経営とは「多様な人材を活かし、その能力が最大限発揮できる機会を提供することで、イノベーションを生み出し、価値創造につなげている経営」（経済産業省）と定義されており、この定義は企業のみならずこれからの幼児教育施設においてもダイバーシティ・インクルージョン保育という価値創造という点で適応可能である。

幼児教育施設においてダイバーシティ・インクルージョン保育という価値創造につなげる経営に取り組むうえでは、多様な人材をいかすという観点から、職員にも障害やルーツ等多様性のある人材を積極的に活用することが求められる。実際に沖縄県の保育所では、養護学校（現、知的障害特別支援学校）高等部を卒業した知的障害のある保育者を雇用し、他の職員がサポートしながら業務をこなしており、障害者雇用事例として紹介されている[1]。知的障害に限らず、視覚障害、聴覚障害、肢体不自由、病弱、情緒障害、発達障害等どのような障害者であっても雇用条件の調整や職場環境の整備、合理的配慮の提供等を行うことで、幼児教育施設での雇用は可能となる。保育補助者として雇用を開始し、保育士資格等の習得を目指す方法も考えられる。

このような障害のある保育者（保育補助者を含む）の雇用を推し進めることで、幼児教育施設では在園児と障害者の関わる機会が創出される。例えば、手話話者である聴覚障害者であれば手話でのコミュニケーションを通して、児童の手話への興味関心が高まり、手話を通した遊びの機会が生まれる。このような機会は保育実践の中で障害理解のみならず、言語への関心を高める人的環境としての機能が期待される。この点は障害者のみならず、日本語以外を母語とする外国にルーツのある保育者の雇用の際にも、日本語以外でのコミュニケーションや異なる文化の体験活動を通して類似した教育効果が期待される。

このような多様な人材を活用するためには、例えば障害の場合であれば、特別支援学校と日常的な交流を図り、特別支援学校在籍児童生徒の幼児教育・保育への関心を高め、実際に雇用に際しても特別支援学校から継続可能な合理的配慮を引き継ぐ等連携を図ることが望ましい。外国にルーツのある保育者に関しても、保育士試験は国籍問わず受験可能なため、留学生の多い大学や日本語学校等との連携を図ることで、雇用の可能性は広がるといえる。

　また雇用後の労務環境整備に関しては、週当たりの勤務日数・時間数で助成金額に影響が出る保育士等ではなく、雇用形態、勤務日数・時間、休暇制度で柔軟な勤務形態が可能な保育補助者とすることで、既存の雇用制度を見直し活用の幅を広げることができる。また柔軟な勤務形態が可能となる雇用制度を採用することは、他の職員の労働環境の見直しにつながり、採用機会の増加等につながる可能性も高い。ダイバーシティ経営はダイバーシティ・インクルージョン保育のみならず、幼児教育施設や法人の経営における人事施策にメリットをもたらす可能性を有するため、今後積極的な導入検討を図ることが望ましいといえる。

（田中　　謙）

注
1　独立行政法人高齢・障害・求職者雇用支援機構障害者雇用事例リファレンスサービス「知的障害者が保育園の先生になった〜保育所における知的障害者の雇用事例〜」https://www.ref.jeed.go.jp/16/16138.html

## Q21 ソーシャルワークにおける「自己覚知」を活用した研修方法は？

**A.**

　ここでは、ダイバーシティ・インクルージョン保育における「自己覚知」の重要性とその研修方法について、①「自己覚知」とはなにか、②ダイバーシティ・インクルージョン保育における「自己覚知」の重要性、③社会福祉分野におけるスーパービジョンの実際と研修方法の順で説明する。

①「自己覚知」とはなにか

　空閑は、「自己覚知（self-awareness）」を「援助者が自己の価値観や感情等について理解しておくこと。援助職に共通して求められる。人は誰かに関わる際に、自己の価値観等を基準にして、その人をみることが多い。しかし、援助者がクライエントに関わる際に、自らの価値観や偏見、先入観を基準にしたままでは、クライエントを正しく理解できないばかりか、信頼関係の構築の妨げにもなりかねない。自己覚知は、援助者としての自らの専門性の維持、向上のために、またクライエントとの援助関係構築のためにも必要不可欠である。スーパービジョンや研修等の機会を利用する等して、自己覚知に務めることが求められる」としている（空閑, 2000, 119）。援助者が自分自身についてしっかり理解しておかないと、クライエントをありのまま理解できないことになる。

②ダイバーシティ・インクルージョン保育における「自己覚知」の重要性

　それでは、ダイバーシティ・インクルージョン保育における「自己覚知」の重要性について、どのように考えればよいであろうか。

　ダイバーシティ・インクルージョンは、「多様性」という意味を持つ「ダイバーシティ（diversity）」と「包括・包含」という意味を持つ「インクルージョン（inclusion）」という2つの言葉から成り立っている。ダイバーシティ・インクルージョンで言うところの多様性の包括・包含にあたっては、まず、その多様性を理解することが大切である。ここで言われている多様性とは、非常に広い概念で用いられ、性別、年齢、人種、国籍、障害の有無、性的指向、宗教・信条等さまざまなものが含まれる。つまり、こ

れらは個々人の外面的および内面的な「違い」であり、その違いを多様性として認識されることが大前提となる。さらに、それらの個々人によって構成されている社会においては、多様性による違いにとらわれすぎることなく、むしろその違いによってお互いを尊重し合っていくことが望ましい。そしてここでは、そのような状態にある社会（環境）を「インクルージョン（inclusion）」という言葉で表現している。

　ただし、空閑も言うように、そもそも、「人は誰かに関わる際に、自己の価値観等を基準にして、その人をみることが多い」ものである。ゆえに、空閑は、社会福祉分野に焦点を当てて「援助者がクライエントに関わる際に、自らの価値観や偏見、先入観を基準にしたままでは、クライエントを正しく理解できないばかりか、信頼関係の構築の妨げにもなりかねない」としている。このような側面から社会福祉分野の専門職業的な立場にある援助者は、「スーパービジョンや研修等の機会を利用する等して、自己覚知に務めることが求められる」のである。

　今日、「ダイバーシティ・インクルージョン」という言葉は、保育分野ないしは教育分野だけでなく社会福祉分野においても非常に注目されており、ダイバーシティ・インクルージョンにおける「自己覚知」の重要性は各分野においても見出せるはずである。例えば、自身の障害観や多文化理解についてイメージを書き出すことで、その認識を再確認したり、アンコンシャス・バイアス（unconscious bias）の改善について手掛かりを得たりすることが求められる。

③社会福祉分野におけるスーパービジョンの実際と研修方法
　空閑は、社会福祉分野における自己覚知について、スーパービジョンや研修の機会の利用にも言及している。よって、ここでは、社会福祉分野におけるスーパービジョンについても触れておくこととしたい。林は、社会福祉分野におけるスーパービジョンを「スーパービジョンとは、社会福祉施設や機関等において実施されるソーシャルワーカーの専門的養成課程の

ことである。その目的は、ワーカーの専門家としての成長を目指し、それを通じてクライエントや地域社会に対してより質の高いソーシャルワーク実践を提供することにある」(傍点筆者)としている(林, 2000, 214)。このように、「自己覚知」と「スーパービジョン」は、双方とも社会福祉分野における専門職業的な立場にある援助者にとっての概念であることが読み取れる。

　社会福祉分野におけるスーパービジョンについては、欧米に端を発し、今日に至るまで、長い歴史的変遷を辿ってきた。しかし、日本国内においては、今日に至ってもなお、社会福祉実践にスーパービジョンが定着しているとは言い難い状況が散見される。スーパーバイザーを担える人材の確保といった体制的課題や業務内にスーパービジョンを実施する時間の確保といった時間的課題をはじめ、日本国内の社会福祉実践にはスーパービジョンを導入するためにクリアしなければならない課題が山積している。また、そのような状況において、スーパーバイザーとスーパーバイジーとが1対1で行う個人スーパービジョンそのものに対する抵抗感も比較的強いと考えられる。

　例えば山梨県内の障害者支援に携わるソーシャルワーカー等の専門職は大学の研究室と連携して月1回の頻度で定期的に事例検討会を実施し、ピア・グループ・スーパービジョンを導入している(大津, 2022, 37-53)。この事例検討会では、仲間同士のサポーティブな雰囲気を大切にし、幅広い年齢層、経験者が同一組織に集い、学び合い、成長し合うことになる。あらかじめ大学教員が参加者全員に対し、グループワークの手法によって、「参加者の全員がスーパーバイザーでありスーパーバイジーである」ことや「事例検討会運営にあたってのルール」の共有を経てから事例検討会として展開させるようにしている。特にこの「事例検討会運営にあたっての決められたルール」としては、参加者の全員がスーパーバイザーでありスーパーバイジーであるがゆえに、例えば「話したくないことは話さなくてもよい」「話しやすい雰囲気を大切にする」「発言者を否定しない」といったも

のを設定している。これらのルールの導入によって、スーパーバイザーとスーパーバイジーとが1対1で行う個人スーパービジョンそのものにありがちな抵抗感を払拭してから事例検討会を開始できるようになっている。そして、この取り組みにより、例えば参加者は、自身の持つ偏見に関する気づきを基盤としながら、ときには支援している障害者自身の思い以上にソーシャルワーカー自身の専門職者としての思いを優先していたり、ときにはソーシャルワーカー自身が専門職者としての立ち位置を見失っている等の気づきを得ることができている。このような手法はソーシャルワーカーのみならず、保育者へのスーパービジョンにも応用可能であり、大学や専門学校等の保育者養成機関と連携して実施できるように、施設側から打診することを検討したい。

　このように、保育分野においても「保育」という概念をふまえながら、「自己覚知」や「スーパービジョン」を研修だけでなく事例検討会等の実践も通して深めていくことが必要かつ効果的であると言えよう。

（大津　雅之）

引用・参考文献
・大津雅之（2022）「『自己覚知』から考えるピア・グループ・スーパービジョンの有用性」『山梨県立大学人間福祉学部紀要』（17）, 37-53.
・空閑浩人（2000）「自己覚知（self-awareness）」山縣文治・柏女霊峰『社会福祉用語辞典』ミネルヴァ書房, 119.
・林眞帆（2014）「スーパービジョンとコンサルテーション」日本社会福祉学会事典編集委員会『社会福祉学事典』丸善出版, 214-215.

## おわりに

　編者らは、『ダイバーシティ・インクルージョン保育』を 2022 年 8 月に刊行した。概要と目次は本書末尾にまとめてある。

　そこでは、小川は「ダイバーシティ（互いの多様性）・インクルージョン（互いを受容）の基本は、人間性の多様性に注目したうえで、その多様性を積極的に受け入れることである。多様性を認め互いに尊重し合う態度や考えを子どもたちが身につけることを目的とした保育・教育がダイバーシティ・インクルージョン保育であるといえる。多様な人材が活躍することは、学級・園・学校のみならず社会の発展にもつながると考え、一人ひとりが能力を最大限に発揮しながら参加できる持続的発展が可能な社会形成を目指す理念と戦略が、Diversity and Inclusion である。」ととらえた。

　本書は、先の刊行書の続刊である。先の刊行書は保育者養成校のこれから保育士や幼稚園教諭等の資格を取って子どもたちの特別のニーズに応じようとする学生のために書かれたものである。一方本書は、養成校を巣立って、保育所・幼稚園・認定こども園（幼児教育施設と総称した）で懸命に努力している新任・中堅・管理職等園全体の教職員のために書かれたものである。書名からして、「園経営」を最大のキーワードとしている。換言するなら、チームとしての園づくりである。

　特に、本書は①園経営の基本、②園内支援体制整備、③園経営の実践事例とそのポイント解説、④ Q&A という構成とした。これは、単なる理論書でもなく、事例集でもない。理論と実践をリンクさせながら、今日幼児教育施設が抱える多様なたいへんさを少しでも解決しようとする試みである。

　試みと称したのは、これまで、乳幼児期をめぐっての本書の性格をもつ書物は皆無であったように思われるからであり、先行書となればという編者らの思いが託されているのである。

　編集を終えて感じたことは、第一に、障害乳幼児をはじめ、外国にルーツのある子ども、アレルギーのある子ども、貧しい家庭の子ども等が、学級の結構な割合を占めることを再認識すべきということである。例えば、文部科学省は、2022 年に小・中学校に占める発達障害児の可能性のある子どもを 8.8% と公表した。小 2 から小 1 と学年が下がるほどその割合が高くなっていると同年 12 月に朝日新聞は報道している。ということは、

幼児期にはさらに割合が高くなると想像できよう。この点に注目したい。

　第二に、多様なニーズのある子どもたちにとって、生活全体が発達促進の場であることから、基礎的な生活圏（①居住の場、②課業・通所の場、③地域での活動の場）それぞれの環境が連携し整備されていくことが望ましい。これらの子どもたちの発達保障を考える際に、家庭 - 地域 - 園という系列での協働の他に、教育 - 福祉 - 医療 - 保健 - 心理という系列における協働の場が今後いっそう必要になってくる点を強調したい。園経営（園づくり）の骨格でもあり、まさしくダイバーシティ・インクルージョン保育時代を迎えようとしているのである。

　末尾になったが、本書を刊行できたのも三学出版の中桐和弥様の支えがあったからである。丁寧な編集作業への援助と真摯な態度にありがたみを感じている。

編集を代表して
小川英彦

## 事項・人物索引

編者

田中 謙
<ruby>田<rt>た</rt></ruby><ruby>中<rt>なか</rt></ruby> <ruby>謙<rt>けん</rt></ruby>

<ruby>小<rt>お</rt></ruby><ruby>川<rt>がわ</rt></ruby> <ruby>英<rt>ひで</rt></ruby><ruby>彦<rt>ひこ</rt></ruby>


執筆者　〈執筆順、（　）内は執筆担当箇所〉

<ruby>田<rt>た</rt></ruby><ruby>中<rt>なか</rt></ruby> <ruby>謙<rt>けん</rt></ruby>　　　（はじめに、第２、３、６、13章、Ｑ４、16、20）
　　　　　　　日本大学　文理学部教育学科

<ruby>小<rt>お</rt></ruby><ruby>川<rt>がわ</rt></ruby> <ruby>英<rt>ひで</rt></ruby><ruby>彦<rt>ひこ</rt></ruby>　（第１、７章、Ｑ11、おわりに、事項・人物索引）
　　　　　　　至学館大学　健康科学部こども健康・教育学科（国立大学法人愛知教育大学　名誉教授）

<ruby>高<rt>たか</rt></ruby><ruby>尾<rt>お</rt></ruby> <ruby>淳<rt>あつ</rt></ruby><ruby>子<rt>こ</rt></ruby>　　（第４章）
　　　　　　　大阪成蹊大学　教育学部教育学科

<ruby>平<rt>ひら</rt></ruby><ruby>野<rt>の</rt></ruby> <ruby>仁<rt>ひと</rt></ruby><ruby>美<rt>み</rt></ruby>　　（第５章）
　　　　　　　社会福祉法人清翠会　汁谷わかすぎ保育園

<ruby>渡<rt>わた</rt></ruby><ruby>邊<rt>なべ</rt></ruby> <ruby>眞<rt>ま</rt></ruby><ruby>理<rt>り</rt></ruby>　　（第８章）
　　　　　　　フェリシアこども短期大学　国際こども教育学科

<ruby>櫻<rt>さく</rt></ruby><ruby>井<rt>らい</rt></ruby> <ruby>貴<rt>たか</rt></ruby><ruby>大<rt>ひろ</rt></ruby>　　（第９章）
　　　　　　　国立大学法人愛知教育大学　教育科学系幼児教育講座

<ruby>平<rt>ひら</rt></ruby><ruby>田<rt>た</rt></ruby> <ruby>兼<rt>かね</rt></ruby><ruby>久<rt>ひさ</rt></ruby>　　（第10章）
　　　　　　　学校法人育英学園　幼保連携型認定こども園西尾中央幼稚園

<ruby>濱<rt>はま</rt></ruby><ruby>口<rt>ぐち</rt></ruby> <ruby>実<rt>み</rt></ruby><ruby>紗<rt>さ</rt></ruby><ruby>希<rt>き</rt></ruby>　（第11章）
　　　　　　　修文大学短期大学部　幼児教育学科

<ruby>金<rt>かな</rt></ruby><ruby>森<rt>もり</rt></ruby> <ruby>由<rt>ゆ</rt></ruby><ruby>華<rt>か</rt></ruby>　　（第12章）
　　　　　　　至学館大学　健康科学部こども健康・教育学科

<ruby>平<rt>ひら</rt></ruby><ruby>岩<rt>いわ</rt></ruby> ふみよ　（第13章）
　　　　　　　学校法人蓑川学園　竹の子幼稚園

<ruby>瀧<rt>たき</rt></ruby><ruby>澤<rt>ざわ</rt></ruby> <ruby>聡<rt>さとし</rt></ruby>　　（第14章）
　　　　　　　北翔大学　生涯スポーツ学部スポーツ教育学科

<ruby>清<rt>し</rt></ruby><ruby>水<rt>みず</rt></ruby> ゆき　　（第14章）
　　　　　　　児童発達支援・放課後等デイサービス　札幌運動支援友愛Ⅰ

<ruby>樋<rt>ひ</rt></ruby><ruby>口<rt>ぐち</rt></ruby> <ruby>一<rt>かず</rt></ruby><ruby>成<rt>なり</rt></ruby>　（Ｑ１）
　　　　　　　国立大学法人愛知教育大学　教育科学系幼児教育講座

<ruby>麓<rt>ふもと</rt></ruby> <ruby>洋<rt>よう</rt></ruby><ruby>介<rt>すけ</rt></ruby>　　（Ｑ２）
　　　　　　　国立大学法人 愛知教育大学　教育科学系幼児教育講座

浦野　忍　　（Q3）
　　　　　　名古屋経営短期大学　子ども学科

北野 明子　　（Q5）
　　　　　　名古屋柳城短期大学附属　三好丘聖マーガレット幼稚園

里見 達也　　（Q6）
　　　　　　山梨県立大学　人間福祉学部人間形成学科

野村 敬子　　（Q7）
　　　　　　社会福祉法人立田南福祉会　幼保連携型認定こども園立南保育園

吉田 貴子　　（Q8）
　　　　　　大阪国際大学短期大学部　幼児保育学科

杉江 栄子　　（Q9）
　　　　　　名古屋学芸大学　ヒューマンケア学部子どもケア学科幼児保育専
　　　　　　攻

阿諏訪 勝夫　　（Q10）
　　　　　　中央市・昭和町障がい者相談支援センター　穂のか

新井 あゆか　　（Q12）
　　　　　　里童こころと育ちのクリニック

田中 裕子　　（Q13）
　　　　　　ユマニテク短期大学　幼児保育学科

伊多波 美奈　　（Q14）
　　　　　　社会福祉法人ラウレア会　森のまちあおば保育園

青柳 修平　　（Q15）
　　　　　　放課後等デイサービス　カルミア

中川 陽子　　（Q17）
　　　　　　大阪成蹊短期大学　幼児教育学科

水野 恭子　　（Q18）
　　　　　　岡崎女子大学　子ども教育学部子ども教育学科

池田 幸代　　（Q19）
　　　　　　道灌山学園保育福祉専門学校

大津 雅之　　（Q21）
　　　　　　山梨県立大学　人間福祉学部福祉コミュニティ学科


カバーイラスト　東立石保育園の子どもたち

ダイバーシティ・インクルージョン保育を進めるための
園経営ガイドブック

2024 年 7 月 10 日初版印刷
2024 年 7 月 15 日初版発行

編著者　田中謙　　小川英彦
発行者　岡田金太郎
発行所　三学出版有限会社

〒 520-0835 滋賀県大津市別保 3 丁目 3-57 別保ビル 3 階
TEL 077-536-5403　FAX 077-536-5404
https://sangakusyuppan.com

モリモト印刷株式会社　印刷・製本

# 好評既刊

# ダイバーシティ・インクルージョン保育

編著　小川英彦　田中謙

## 【　概要　】

今日、保育や教育の場を見渡すと、障害のある子、アレルギーの子、病弱の子、外国にルーツのある子、貧しい家庭の子、虐待にあっている子、LGBT の子等、多様なニーズをもつ子どもたちがいる。その多様性を積極的に受け入れること、多様性を認め互いに尊重し合う態度や考えを子どもたちが身につけることを目的とした保育・教育がダイバーシティ・インクルージョン保育である。本書では理論編だけでなく、多くの実践例を集めた実践編、コラムで構成されている。（はじめにから）

**ダイバーシティ・インクルージョン保育**

編著　小川英彦　田中謙

ISBN978-4-908877-43-8　C3037　B5 判　238 頁　本体 3,200 円